터키어 표준 교재 A1

본 교재는 2018년 정부(교육부 국립국제교육원) '특수외국어교육 진흥 사업'의
지원을 받아 수행된 결과입니다. (CFL-한국외-2018-터키-C-1)

Standart Ders Kitabı

Türkiye Türkçesi

터키어 표준 교재

연규석 · 오종진 · 이난아 · 양민지

A1

HU:iNE

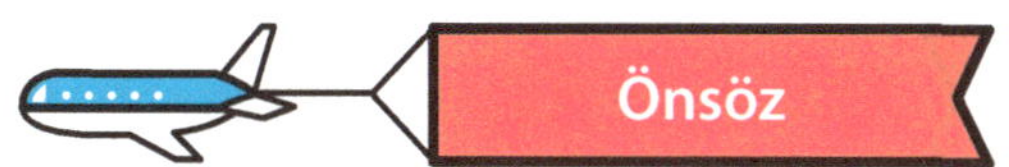

머리말

우리나라의 외국어 교육은 영어·중국어·일본어와 같은 특정 외국어 몇 개에 편중되어 있어서 터키어를 접할 기회는 매우 제한적인 것이 현실이다.

때마침 특수외국어 교육 진흥에 관한 법률이 제정되어 시행되고 이에 따른 교육부의 특수외국어교육진흥사업(교육과정 개발·운영)의 일환으로 터키-아제르바이잔어과에서는 『터키어 표준 교재 A1』 개발에 착수하였다.

학습자에게 터키어 및 터키 사회와 문화를 접할 기회를 충분히 제공할 수 있는 교수·학습 방법을 연구하고 교수·학습 활동과 평가를 유기적으로 연계하여 학습의 효율성을 극대화하는 것을 교재 개발의 목표로 설정하였다.

이를 위해 우선, 앙카라 대학교 어학기관인 퇴메르가 유럽연합 공통 언어 표준등급 가운데 A1 수준에 맞게 집필하여 편찬한 히티트(Hitit) 교재의 어휘 빈도수를 분석하여 한국인 화자의 수준에 적합한 A1 수준의 필수 어휘를 선정하였고 이를 토대로 터키의 사회와 문화가 실제적으로 잘 투영된 주제들을 선별하여 집필하였다.

본 교재를 기반으로 학습자들은 향후 터키어로 듣기, 말하기, 읽기, 쓰기 능력을 습득하여 기초적인 의사소통 능력을 기를 수 있을 것이며 평생교육으로서의 터키어에 대한 흥미와 동기 및 자신감을 유지면서 터키 사회와 문화에 대한 깊은 지식과 이해를 바탕으로 국제 사회에 대한 이해 능력과 포용적인 태도를 갖추게 될 것으로 기대된다.

일러두기

본 교재는 터키어를 이제 막 배우기 시작한 학생이나 터키어를 배우고자 하는 일반인이 터키어로 듣기, 말하기, 읽기, 쓰기 능력을 습득하여 일상생활에서 사용되는 기초적인 터키어를 이해하고 표현할 수 있는 능력을 키우기 위한 실제적인 교재로 개발되었다.

집필 방향

본 교재는 유럽의회가 발표한 유럽연합 공통 언어 표준등급(CEFR)에서 첫 번째 등급에 해당하는 A1 수준에서 학습자가 터키어로 의사소통을 할 수 있는 언어적인 능력을 갖추게 하는 것은 물론이고 평생교육으로서의 터키어에 대한 흥미와 동기 및 자신감을 유지면서 터키 문화와 사회에 대한 깊은 지식과 이해를 바탕으로 국제 사회에 대한 이해 능력과 포용적인 태도를 기를 수 있도록 터키의 문화와 사회가 제대로 투영된 주제와 내용으로 각 단원을 구성하였고 또한 학습자들의 이해를 돕기 위한 관련 삽화들을 최대한 활용하였다.

교재 구성

- 본 교재는 터키어의 알파벳, 자음과 모음 그리고 자음동화와 모음조화에 대해 간단하게 설명한 도입부에 이어서 아래와 같은 6개의 단원으로 구성되어 있지만, 각 단원에는 각각 3개의 관련 소단원이 있어서 실제로는 개인의 일상생활과 밀접하게 관련이 있는 도합 18개의 단원으로 이루어져 있다.
- 각 단원은 주제 관련 연습문제들과 주제를 듣고 말하고 읽고 쓰는 데 필요한 문법에 대한 설명이 있으며 문법을 익히기 위한 관련 연습문제도 함께 포함되어 있다.

문법 설명에 사용된 각종 부호의 의미는 아래와 같다.

- 접사와 어미는 이탤릭체로 나타낸다.
- 괄호 (　) : 특정한 음운적 조건에서만 나타나는 선택적 요소임을 나타낸다. 예컨대, 여격어미 $^{+}$*(y)A*에서 괄호 안에 표시된 y는 모음으로 끝나는 말에 첨가될 때만 나타난다.
- 위 첨자 $^{+}$: 명사, 형용사 등과 같이 활용하지 않는 말에 첨가되는 접사나 어미임을 나타낸다.
- 위 첨자 $^{-}$: 동사, 계사와 같이 활용하는 말에 첨가되는 접사나 어미임을 나타낸다.
- 위 첨자 $^{\pm}$: 활용어와 비활용어 모두에 첨가될 수 있는 접사나 어미임을 나타낸다.
- 하이픈 - : 동사나 계사의 어간임을 나타낸다.
- 접사나 어미의 대문자 : 음운적 조건에 따라 달라지는 변이음들이 있음을 나타낸다.
  대문자 İ는 ı, i, u, ü 가운데 하나임을 나타냄.
  대문자 A는 a, e 가운데 하나임을 나타냄.
  대문자 C는 c, ç 가운데 하나임을 나타냄
  대문자 D는 d, t 가운데 하나임을 나타냄.
  대문자 G는 g, k 가운데 하나임을 나타냄.
  대문자 K는 ğ, k 가운데 하나임을 나타냄.
- Ø : 어미가 제로로 나타났음을 뜻한다.
- +CV : 음절 구조가 '자음(Consonant)+모음(Vowel)'으로 되어 있음을 나타낸다.
- -CV : 음절 구조가 '자음+모음'으로 되어 있지 않음을 나타낸다.

İçindekiler

차례

A1 교재 구성표

대단원		소단원
1	Tanışalım 자기소개	A. Merhaba 안녕하세요 B. Mevsimler ve Sayılar 계절과 숫자 C. Nerelisiniz? 고향이 어디예요?
2	Okulum 우리 학교	A. Nerede? 어디에 있어요? B. Ne var, ne yok? 무엇이 있어요/없어요? C. Kaçıncı katta? 몇 층에 있어요?
3	Günlük Hayat 일과	A. Ne yapıyorsunuz? 무엇을 하고 있어요? B. Nereden? Nerede? Nereye? 어디에서/어디에/어디로? C. Saat Kaç? 몇 시예요?
4	Ailem 우리 가족	A. Aile Bireyleri 가족 구성원 B. Dedeme Ziyaret 할아버지 댁 방문 C. Aile Fotoğrafı 가족 사진
5	Evim 우리 집	A. Eviniz hangi semtte? 댁은 어디에 있어요? B. Bahçeli Ev 정원이 있는 집 C. Balkonda Kahvaltı 발코니에서 아침 식사
6	Tatilim 휴가	A. Yaşasın, tatile gidiyoruz! 휴가를 떠나요! B. Plajda 해변에서 C. Yarın ne yapacağız? 우리 내일 뭐 할 거예요?

학습목표	문법
상대방을 만나 인사하고 자신의 이름, 나이, 고향 등을 말할 수 있고 또 상대방의 이름, 나이, 고향 등을 물어볼 수 있다.	• 수량어미 $^{\pm}$*lAr* • 지시사 bu, şu, o • 처소대명사 burası, şurası, orası • 의문어미 *mİ* • 계사문
장소와 위치를 찾고 표현할 수 있으며 학교생활과 관련이 있는 상황을 표현하는 데 유용한 계사문의 긍정형, 부정형, 의문형을 익힌다.	• 처격어미 $^{+}$*DA* • 존재구문 var, yok • III군 인칭어미 • 서수접사 $^{+}$*(İ)ncİ*
동사가 서술어로 쓰인 동사문 가운데 발화 시점에서의 일과를 표현하는 데 유용한 진행상 문장을 익힌다. 아울러 시간 표현도 익힌다.	• 진행상(현재시제) $^{-}$*İyor* • 여격어미 $^{+}$*(y)A* • 탈격어미 $^{+}$*DAn* • 후치사 $^{+}$*DAn* önce/sonra
명사가 또 다른 명사를 수식하는 명사수식법을 이용하여 가족 관계를 표현할 수 있다. 아울러 후치사와 접속사를 학습한다.	• 한정명사 수식 • 명사$^{+}$*(n)İn* +명사$^{+}$*(s)İn* • 비한정명사 수식 • 명사$^{+}$*Ø* +명사$^{+}$*(s)İn* • 연쇄 명사수식 • 대격어미 $^{+}$*(y)İ* • 후치사/접속사 ile
명사를 형용사로 만드는 파생 접사를 익히고 명령법과 기원법 문장을 통하여 상대방에게 자기 생각이나 요구를 표현할 수 있다.	• 형용사화 접사 $^{+}$*lİ*, $^{+}$*sİz* • 명령법 (2인칭) • 명령법 (3인칭) • 기원법
완료상과 예정상 문장을 익혀서 이미 일어난 일과 앞으로 일어날 일을 표현할 수 있다.	• 직접경험 완료상(보이는 과거시제) $^{-}$*Dİ* • 과거시제(계사문의 복합시제 서술법) i-$^{-}$*Dİ* • 비교급, 최상급 daha, en • 예정상(미래시제) $^{-}$*(y)AcAK*

Alfabe 알파벳

Aa	Bb	Cc	Çç	Dd	Ee
Ff	Gg	Ğğ	Hh	Iı	İi
Jj	Kk	Ll	Mm	Nn	Oo
Öö	Pp	Rr	Ss	Şş	Tt
Uu	Üü	Vv	Yy	Zz	

모음(8개)	a, e, ı, i, o, ö, u, ü
자음(21개)	b, c, ç, d, f, g, ğ, h, j, k, l, m, n, p, r, s, ş, t, v, y, z

✓ 모음

모음은 조음 시,

1) 혀의 위치에 따라 후설모음(a, ı, o, u)과 전설모음(e, i, ö, ü)
2) 입술의 모양에 따라 평순모음(a, ı, e, i)과 원순모음(o, u, ö, ü)
3) 입을 크게 벌리고 혀의 위치를 낮추어서 발음하는 개모음 또는 저모음(a, e, o, ö)과 입을 조금 벌리고 혀의 위치를 높여서 발음하는 폐모음 또는 고모음(ı, i, u, ü)

으로 분류해 볼 수 있다.

이러한 분류는 터키어의 모음조화 현상, 즉 어기에 접미사가 첨가될 때 어기의 마지막 음절 모음에 따라 접미사의 모음이 결정되는 현상을 이해하는 데 도움이 된다. 터키어에서 후설-원순모음 o와 전설-원순모음 ö는 진행상 어미 *-İyor*를 제외하면 첫음절에서만 나타나는 제약이 있어서 실제로 터키어의 접미사에서는 이들 모음이 나타나지 않는다. 따라서 모음조화를 고려한다면 터키어의 접미사는 크게 2종류로 구분할 수 있다. 예컨대 어기의 마지막 음절의 모음이 후설모음(a, ı, o, u) 가운데 하나이면 접미사의 모음이 후설-평순모음인 a, 전설모음(e, i, ö, ü) 가운데 하나이면 접미사의 모음이 전설-평순모음인 e로 결정되는 A형 접미사이거나 어기의 마지막 음절의 모음이 후설-평순모음(a, ı) 가운데 하나이면 접미사의 모음이 후설-평순-고모음인 ı, 전설-평순모음(e, i) 가운데 하나이면 전설-평순-고모음인 i, 후설-원순모음(o, u) 가운데 하나이면 후설-원순-고모음인 u, 전설-원순모음(ö, ü) 가운데 하나이면 전설-원순-고모음인 ü로 결정되는 İ형 접미사가 있을 뿐이다.

[A형 접미사]

어기의 마지막 음절 모음이	접미사의 모음
a, ı, o, u 가운데 하나이면	*a*
e, i, ö, ü 가운데 하나이면	*e*

[İ형 접미사]

어기의 마지막 음절 모음이	접미사의 모음
a, ı 가운데 하나이면	*ı*
e, i 가운데 하나이면	*i*
o, u 가운데 하나이면	*u*
ö, ü 가운데 하나이면	*ü*

✓ 자음

자음은 크게 무성자음 8개(ç, f, h, k, p, s, ş, t)와 유성자음 13개(b, c, d, g, ğ, j, l, m, n, r, v, y, z)로 분류해볼 수 있다. 이 가운데 무성자음 4개(ç, k, p, t)는 순서대로 유성자음 5개(c, ğ/g, b, d)와 서로 짝을 이루고 또 유성자음 3개(b, c, d)는 동음이의어를 구분할 필요가 있는 경우가 아니라면 어말에 나타나지 않는 제약이 있어서 들온말이라 할지라도 어말에서는 순서대로 (p, ç, t)로 표기한다.

이러한 분류는 어기에 접미사가 첨가될 때 일어나는 유성음화 현상과 유무성 자음동화 현상을 쉽게 이해하는 데 도움이 된다. 예컨대 1) 어기가 유성자음과 짝을 이루는 무성자음(ç, k, p, t) 가운데 하나로 끝나는 경우, 이 어기에 유성음인 모음으로 시작하는 접미사가 첨가되면 어기의 어말 무성자음은 유성음화되면서 짝을 이루는 해당 유성자음으로 바뀐다. 2) 접미사가 유무성으로 짝을 이루는 자음 가운데 하나로 시작한다면 어기의 어말음이 모음이나 유성자음인 경우 접미사의 어두 자음 역시 유성자음으로 동화현상이 일어나고 만일 어기의 어말음이 무성자음인 경우에는 접미사의 어두 자음 역시 무성자음으로 동화된다.

[유성음화 현상]

ç ⇒ c	ağaç ⇒ ağacı, ağaca, ağacın
k ⇒ ğ	çocuk ⇒ çocuğu, çocuğa, çocuğun
nk ⇒ ng	renk ⇒ rengi, renge, rengin
p ⇒ b	kitap ⇒ kitabı, kitaba, kitabın
t ⇒ d	yurt ⇒ yurdu, yurda, yurdun

[유무성 자음동화 현상]

ağa**çt**a, sını**ft**a, tari**ht**e, çocu**kt**a, kita**pt**a, otobü**st**e, ku**şt**a, yur**tt**a
li**gd**e, da**ğd**a, pla**jd**a, oku**ld**a, ku**md**a, odu**nd**a, tu**rd**a, e**vd**e, sara**yd**a, yıldı**zd**a

터키어의 모음체계에는 이중모음이 없기 때문에 두 모음이 나란히 이웃하여 나타나면 히아투스, 즉 모음충돌을 회피하는 현상이 있다. 이러한 모음충돌을 회피하는 수단으로는 두 모음 사이에 매개 자음을 넣거나 두 모음 가운데 하나를 삭제하는 방법이 쓰인다.

Dinleyiniz, tekrarlayınız. 듣고 따라 하시오.

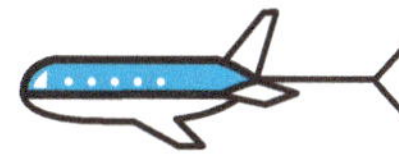

Ünite 1

Tanışma
자기소개

학습목표

상대방을 만나 인사하고 자신의 이름, 나이, 고향 등을 말할 수 있고 또 상대방의 이름, 나이, 고향 등을 물어볼 수 있다.

1. Merhaba!	안녕하세요!
2. Benim adım Engin. Senin adın ne?	내 이름은 엔긴이야. 네 이름은 뭐니?
3. Kaç yaşındasın?	너 몇 살이니?
4. Sen nerelisin?	너는 고향이 어디야?

A. Merhaba 안녕하세요

A.1. Dinleyiniz, tekrarlayınız. 듣고 따라 하시오.

Hasan Merhaba.

Selma Merhaba.

Hasan Adınız ne?

Selma Benim adım Selma. Sizin adınız ne?

Hasan Benim adım Hasan.

Selma Memnun oldum.

Hasan Ben de memnun oldum.

Selma Hoşça kalın.

Hasan Güle güle.

A.2. Dinleyiniz, tamamlayınız. 듣고 완성하시오.

Mehmet Merhaba.

Fatma ① ________.

Mehmet Sizin ② ________ ne?

Fatma Benim ③ ________ Fatma. Sizin adınız ④ ________ ?

Mehmet Benim adım Mehmet. Memnun oldum.

Fatma Ben de ⑤ ________ oldum.

Mehmet Hoşça kalın.

Fatma Güle güle.

이름 묻기

A : Adınız ne? B : Adım Sumin.

A : İsminiz ne? B : İsmim Sumin.

A : Soyadınız ne? B : Soyadım KİM.

A.3. 괄호에 들어갈 알맞은 표현을 고르시오.

1. A : (   )!

   B : Merhaba

   ① Adım   ② Merhaba

2. (   ) Ali.

   ① Benim adım   ② Benim

만났을 때

A : Merhaba!

B : Merhaba!

A : Günaydın! (아침 인사)

B : Günaydın!

A : İyi günler! (오후 인사, 헤어질 때도 쓰임)

B : İyi günler!

A : İyi akşamlar! (저녁 인사, 헤어질 때도 쓰임)

B : İyi akşamlar!

헤어질 때

A : Hoşça kalın! (남겨진 사람에게)

B : Güle güle! (떠나는 사람에게)

A : Görüşürüz!

B : Görüşürüz!

A : Görüşmek üzere!

B : Görüşmek üzere!

A : İyi geceler! (밤 인사, 주로 헤어질 때 쓰임)

B : İyi geceler!

A.4. 그림에 알맞은 표현을 골라 쓰시오.

İyi geceler!	İyi akşamlar!	Günaydın!	İyi günler!

①  ② ③ ④

A.5. Dinleyiniz, tekrarlayınız. 듣고 따라 하시오.

A : Günaydın. B : Günaydın.

A : İyi günler. B : İyi günler.

A : Görüşürüz. B : Görüşürüz.

A : Hoşça kal. B : Güle güle.

A : Görüşmek üzere. B : Görüşmek üzere.

A.6. 자연스러운 대화가 되도록 순서대로 번호를 쓰시오.

Adınız ne? ( )

Merhaba. (*1*)

Memnun oldum. ( )

Benim adım Şükran. Sizin adınız ne? ( )

Görüşmek üzere. ( )

Ben de memnun oldum. ( )

Merhaba. ( )

Görüşmek üzere. ( )

Benim adım Burak. ( )

B. Mevsimler ve Sayılar 계절과 숫자

B.1. Mevsimler 계절

ilkbahar	yaz	sonbahar	kış

Aylar

Ocak	Şubat	Mart	Nisan
Mayıs	Haziran	Temmuz	Ağustos
Eylül	Ekim	Kasım	Aralık

Günler

Pazartesi Salı Çarşamba Perşembe Cuma Cumartesi Pazar

B.2. Sayılar 숫자

숫자	터키어 표현	숫자	터키어 표현
0	sıfır	30	otuz
1	bir	37	otuz yedi (30+7)
2	iki	40	kırk
3	üç	50	elli
4	dört	60	altmış
5	beş	70	yetmiş
6	altı	80	seksen
7	yedi	90	doksan
8	sekiz	100	yüz
9	dokuz	286	iki yüz seksen altı
10	on	500	beş yüz (5×100)
11	on bir (10+1)	1.000	bin
12	on iki (10+2)	3.754	üç bin yedi yüz elli dört
13	on üç (10+3)	10.000	on bin (10×1.000)
14	on dört (10+4)	100.000	yüz bin (100×1.000)
15	on beş (10+5)	1.000.000	bir milyon
16	on altı (10+6)	100.000.000	yüz milyon
17	on yedi (10+7)	1.000.000.000	bir milyar
18	on sekiz (10+8)		
19	on dokuz (10+9)		
20	yirmi		
22	yirmi iki (20+2)		

B.3. 다음 숫자들을 터키어로 쓰시오.

1. 3 : *üç*
2. 16 : ________
3. 45 : ________
4. 77 : ________
5. 92 : ________
6. 107 : ________
7. 118 : ________
8. 342 : ________
9. 786 : ________
10. 2.035 : ________

문법 Dilbilgisi

수량어미(복수어미) ±*lAr*

어미의 모음이 후설모음 뒤에서는 a, 전설모음 뒤에서는 e가 되는 A형 어미이다. 수와 양 모두를 표시하고 또 터키어에는 1인칭이나 2인칭의 복수형으로 사용되는 인칭 복수 접사 ⁺*(İ)z*나 인칭 복수어미 ±*(y)İz*도 있으므로 이와 구분하기 위해 수량어미라고 할 수도 있다.

어기의 마지막 음절 모음이	수량어미
후설모음 a, ı, o, u 가운데 하나이면	*lar*
전설모음 e, i, ö, ü 가운데 하나이면	*ler*

kit**a**p 책	kitap**lar** 책들	kal**e**m 연필	kalem**ler** 연필들
ışı**k**	ışık**lar**	öğrenc**i**	öğrenci**ler**
vaz**o**	vazo**lar**	g**ö**z	göz**ler**
havl**u**	havlu**lar**	üz**ü**m	üzüm**ler**

터키어에서는 명사가 1보다 더 큰 수로 수식을 받아도 영어와 달리 복수어미를 취하지 않는다. 왜냐하면 명사의 수는 이미 숫자로 나타내고 있으므로 수의 일치가 필요하지 않다고 보는 언어이기 때문이다.

1 kitap, 2 kitap, 100 kitap (≠ 1 book, 2 books, 100 books)

B.4. 다음 단어들에 수량어미를 첨가하여 복수형을 만드시오.

1. akşam → *akşamlar*
2. gece →
3. uçak →
4. radyo →
5. domates →
6. şişe →
7. cüzdan →
8. el →
9. bardak →
10. limon →

문법 Dilbilgisi

근칭 지시사 bu, 중칭 지시사 şu, 원칭 지시사 o

아래 그림에서 볼 수 있는 것처럼 기존의 학교문법과 사전들은 화자를 기점으로 하여 가까운 것은 bu, 이보다 좀 떨어진 것은 şu 그리고 더 멀리 떨어져 있는 것은 o로 나타낸다고 한다. 그러나 실제로는 이처럼 간단하지가 않다. 우선, 화자한테 가까운 것은 bu(이), 청자한테 가까운 것은 şu(그)로 나타내지만, 화자와 청자 모두에게서 아무리 멀리 떨어져 있어도 화자와 청자의 시야 안에 있는 것은 şu(저)로, 멀리 있든 가까이 있든 간에 화자의 시야 밖에 있는 것은 모두 o로 가리킨다. 또한, bu나 şu로 가리킨 것을 되받아 다시 가리킬 때는 언제나 o(그)로 나타내는데, o는 또 3인칭 대명사로도 쓰인다.

한편, 뒤에 수식 받는 명사가 함께 쓰이면 이 지시사들은 형용사이다.

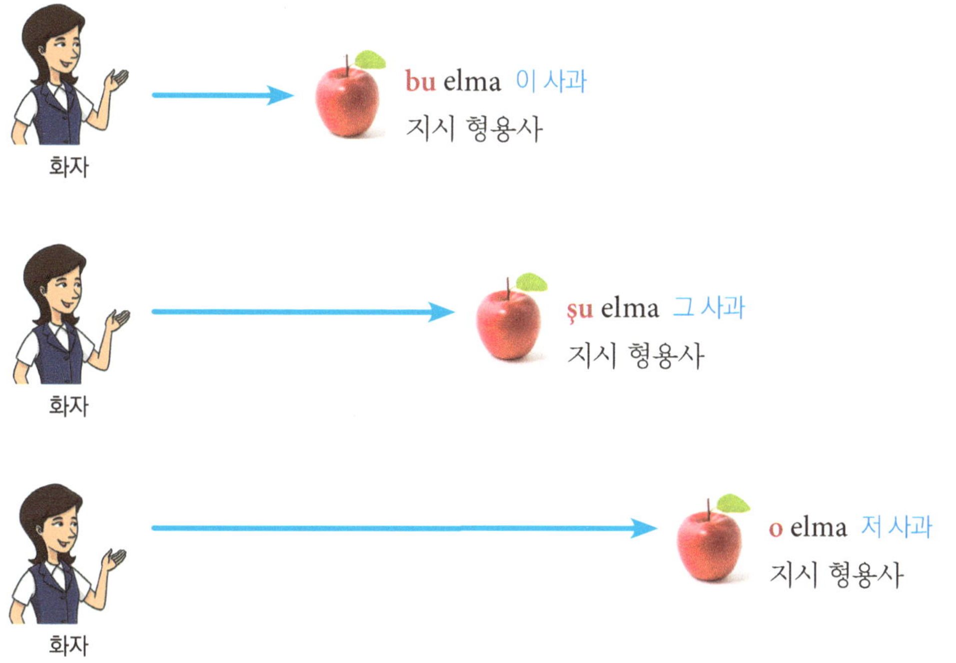

그런데, 지시가가 수식하는 명사, 즉 화자가 지시사를 통해 가리키는 명사는 한정의 의미를 갖고 있기 마련인데, 터키어에서 이러한 한정 명사는 생략될 수도 있다.

elma	elmalar
사과	사과들
bu elma	bu elmalar 지시 형용사: 명사들은 한정의 의미를 갖는다.
이 사과	이 사과들
bu (elma)	bu (elma)lar 한정명사 생략
bu	bunlar 대명사적 용법: 지시 대명사
이것	이것들

마찬가지로

bu kişi 이 사람 ⇒ bu

bu kişiler 이 사람들 ⇒ bunlar

이처럼 한정 명사가 생략되어서 지시사가 단독으로 쓰인 경우에는 대명사적 용법으로 쓰인 것이므로 기존 학교문법에서는 단독으로 쓰인 이 지시사들을 지시 대명사라 한다. 그런데, 만일 명사에 다른 어미가 붙어 있다면 이 어미는 생략되지 않고 선행 지시사와 결합한다. 이때 지시사와 어미 사이에는 '대명사적 n'이 추가됨에 주의해야 한다.

비복수	복수
Bu	Bunlar
Şu	Şunlar
O	Onlar

터키어는 복수 표지는 있어도 단수 표지가 없는 언어이다. 실제로 기존의 학교문법에서 단수로 칭하는 것들이 복수를 나타내기도 하고 또 복수로 칭하는 것들은 반대로 단수를 나타내기도 한다. 따라서 터키어는 [단수와 복수]의 대립이 아니라 [복수 표지가 없는 것과 복수 표지를 갖는 것]의 대립이 있을 뿐이다. 따라서 여기에서 비복수란 복수 표지가 없는 것을 의미하고 또 복수란 복수 표지가 있는 것을 의미한다. 왜냐하면 복수 표지가 없다는 것, 즉 비복수는 아예 수 표지 자체가 없는 것이므로 반드시 단수일 필요가 없어서 복수를 나타낼 여지가 생기고 또 마찬가지로 복수 표지가 있다는 것, 즉 복수는 반드시 복수를 나타내는 것으로만 이해할 필요가 없어서 역시 단수를 나타낼 수 있는 여지가 생기기 때문이다.

의문대명사 ne, kim

사물을 물어볼 때는 ne, 사람을 물어볼 때는 kim을 사용한다.

이것은 무엇입니까?

Bu ne? 이것은 무엇입니까?

O kitap. 그것은 책입니다.

Bunlar ne? 이것들은 무엇입니까?

Onlar kalem. 그것들은 연필입니다.

이 사람은 누구입니까?

Bu kim? 이 사람은 누구입니까?

O öğrenci. 그는 학생입니다.

Bunlar kim? 이 사람들은 누구입니까?

Onlar öğrenci(ler). 그 사람들은 학생입니다.

B.5. 다음 그림을 보고, 묻고 답하시오.

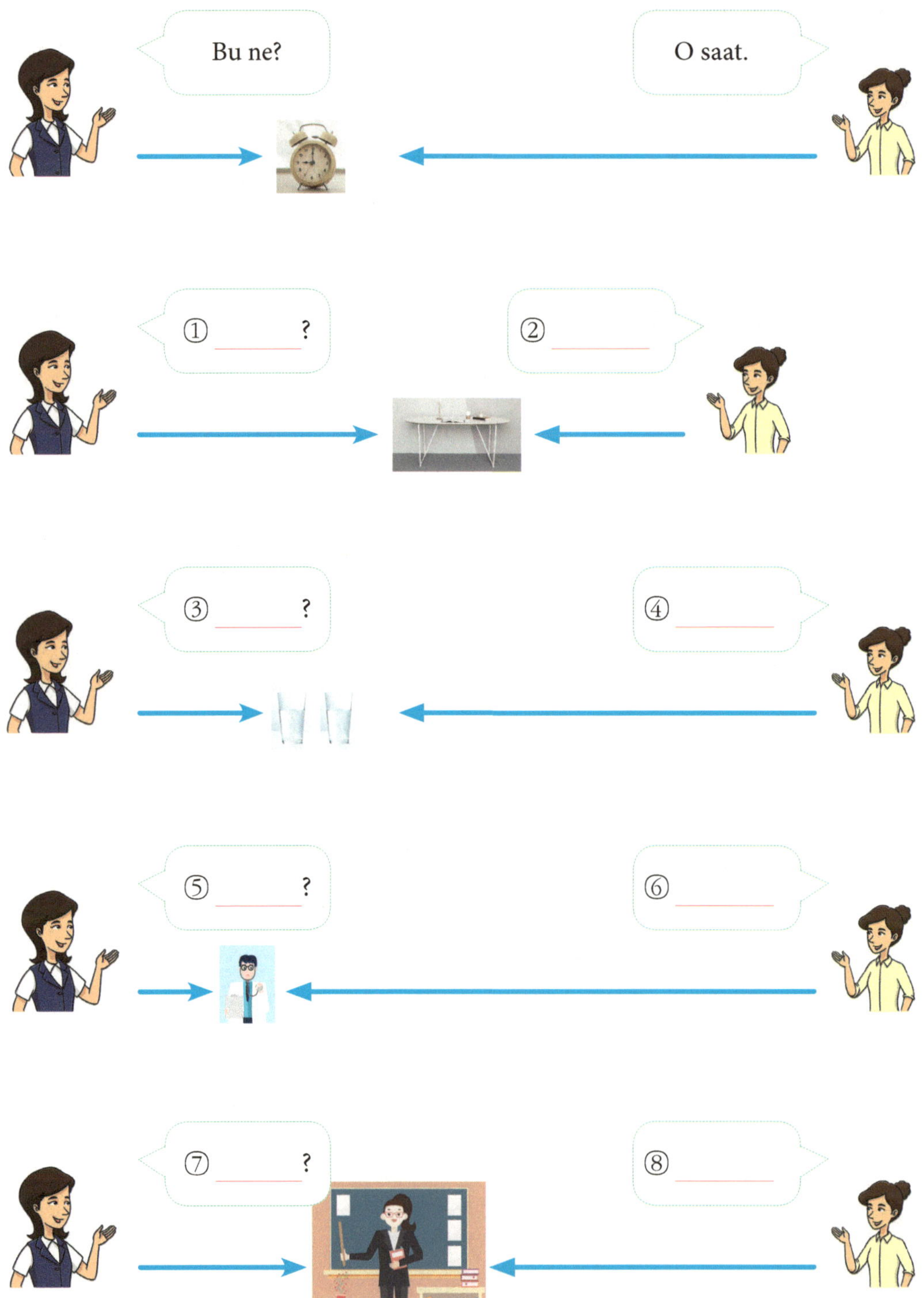

문법 Dilbilgisi

처소대명사 bura; şura; ora, 처소 의문대명사 nere

지시사 bu, şu, o와 의문대명사 ne에 A형 파생접사 ^{+}rA를 붙이면 각각 처소대명사가 된다. 그런데, 이들 처소대명사들은 단독형으로 쓰이는 경우는 드물고 대개 burası, burada, buraya, buradan처럼 순서대로 곡용 3인칭어미, 처격어미, 여격어미, 탈격어미 등과 같은 다른 어미들이 추가로 결합한 형태로 쓰인다. 곡용 3인칭어미는 본래 명사에 붙어서 명사의 소유주가 제3자임을 나타내는 어미이지만, 처소대명사와 결합한 경우에는 처소대명사가 가리키는 장소의 범위를 화자나 청자의 시야 이내로 좁히면서 한정시켜주는 강조 용법으로 쓰인 것이다.

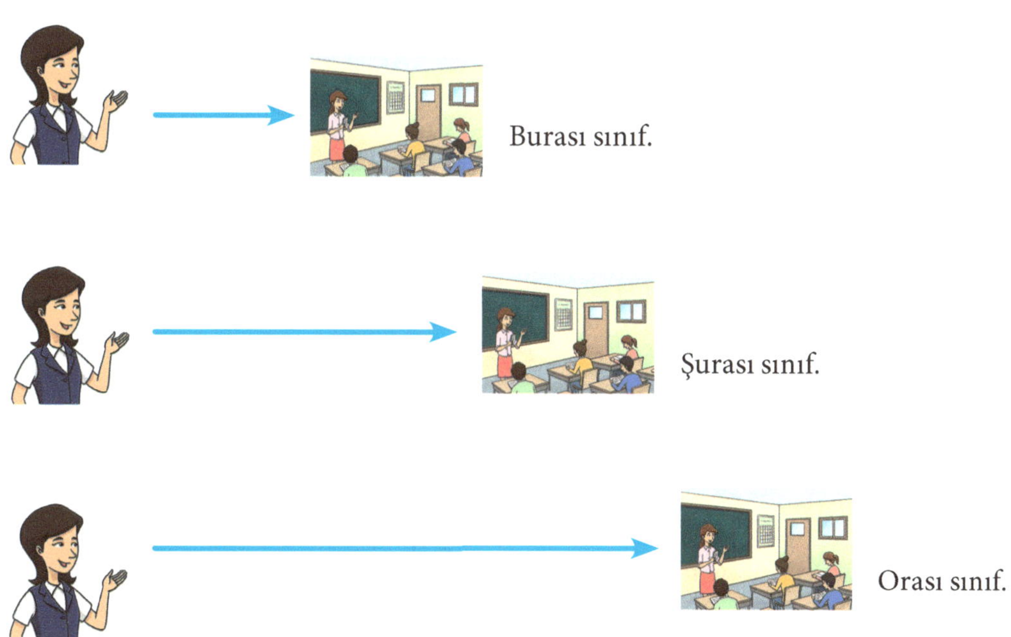

B.6. Dinleyiniz, tamamlayınız. 듣고 완성하시오.

Efe　Merhaba Cemal.

Cemal　Merhaba Efe.

Efe　Cemal, o ① ＿＿＿＿＿? Elma ② ＿＿＿＿＿?

Cemal　Hayır, elma ③ ＿＿＿＿＿. Bu şeftali.

Efe　Lezzetli ④ ＿＿＿＿＿?

Cemal　Evet, çok lezzetli.

문법 Dilbilgisi

의문어미 *mİ*

터키어에서 판정의문문(Yes-No question)은 보통의 경우 İ형 어미인 의문어미 *mİ*를 1) 계사문에서는 보어인 명사나 형용사, 2) 동사문에서는 서술어인 동사 뒤에 위치시켜 만든다. 그러나 의문어미는 문장의 특정 어절이나 단어 뒤로 이동하여 그 말을 강조하는 기능도 갖고 있으므로 어미임에도 어기와는 띄어서 쓴다.

후치사 değil

계사문의 부정은 후치사 değil을 보어인 명사나 형용사 뒤에 위치시켜 만든다.

O elma mı?　그것은 사과입니까?

Evet, bu elma.　예, 이것은 사과입니다.

Hayır, bu elma değil.　아니요, 이것은 사과가 아닙니다.

어기의 마지막 음절 모음이	의문어미	예시
a, ı 가운데 하나이면	*mı*	Bu kitap mı?
e, i 가운데 하나이면	*mi*	O öğrenci mi?
o, u 가운데 하나이면	*mu*	Şu vazo mu?
ö, ü 가운데 하나이면	*mü*	Bunlar üzüm mü?

B.7. 의문어미를 사용하여 문장을 완성하시오.

1. Burası sınıf ________?

2. Şu kedi ________?

3. O ağaç ________?

4. Şurası otel ________?

5. Bu gözlük ________?

6. Pizza lezzetli ________?

7. Bunlar limon ________?

8. O inek ________?

9. Şunlar radyo ________?

10. Şu otobüs ________?

C. Nerelisiniz? 고향이 어디예요?

C.1. Okuyunuz, tekrarlayınız. 읽고 따라 하시오.

Cengiz İyi günler Esra. Nasılsın?

Esra İyiyim, teşekkür ederim. Sen nasılsın?

Cengiz Ben de iyiyim, teşekkür ederim. Esra, sen nerelisin?

Esra İzmirliyim.

Cengiz Ben de İzmirliyim. Peki, kaç yaşındasın?

Esra 17 yaşındayım. Sen kaç yaşındasın?

Cengiz Ben 18 yaşındayım.

C.2. *C.1.*의 지문을 읽고, 다음 질문에 답하시오.

1. Esra nereli?

2. Cengiz nereli?

3. Esra kaç yaşında?

4. Cengiz kaç yaşında?

◎ 터키 지도와 주요 도시

◎ 출신 표현

1) Nere⁺*lİ* + 활용 인칭어미(II군 인칭어미) : 어느 나라 사람입니까? 어느 지역/도시 출신입니까?

Nerelisiniz? 선생님/댁은 어느 나라(지역) 사람입니까?

2) 지역/나라 ⁺*lİ* : ~지역 출신입니다. ~나라 사람입니다.

Türkiyeliyim. 나는 터키 사람입니다.

Ankaralıyım. 나는 앙카라 출신입니다.

마지막 음절의 모음이	접사	예시
a, ı 가운데 하나이면	*lı*	Ankara*lı* 앙카라 출신/사람 Pusan*lı* 부산 출신/사람
e, i 가운데 하나이면	*li*	İzmir*li* 이즈미르 출신/사람
o, u 가운데 하나이면	*lu*	İstanbul*lu* 이스탄불 출신/사람 Suvon*lu* 수원 출신/사람
ö, ü 가운데 하나이면	*lü*	Bingöl*lü* 빈괼 출신/사람 Seul*lü* 서울 출신/사람

문법 Dilbilgisi

주격 인칭대명사

주격 인칭대명사는 문장의 주어를 나타낸다. 한편, 터키어에서는 주어와 관련된 정보가 반드시 활용 인칭어미로도 표시된다. 그런데, 3인칭 활용어미는 언제나 제로이므로 3인칭 대명사 주어는 표시하고 1인칭과 2인칭 대명사 주어는 생략하는 것이 일반적이다.

	비복수	의미	복수	의미
1인칭	*Ben*	화자	*Biz*	화자+청자 또는 화자+제3자
2인칭	*Sen*	청자	*Siz*	복수의 청자 또는 청자+제3자 격식체에서는 1인의 청자
3인칭	*O*	제3자 또는 사물	*Onlar*	복수의 제3자 또는 사물들

인칭 복수접사 ⁺(İ)z; 인칭 복수어미 ±(y)İz

기존의 학교문법은 터키어에서 복수어미는 ±*lAr*라고 설명한다. 본래 이 어미는 사람과 사물 모두에 쓰이는 복수어미이고 또 수(number)뿐만이 아니라 양(quantity)도 나타내는 수량어미이다. 그런데, 터키어에는 인칭이 복수임을 나타내는 접미사가 따로 있다. 위의 Ben이나 Sen의 복수형 Biz, Siz에서 볼 수 있는 인칭 복수접사 ⁺*(İ)z*와 아래 II군 인칭어미의 1인칭과 2인칭 복수형에서 볼 수 있는 인칭 복수어미 ±*(y)İz*가 바로 이들 접미사이다. 3인칭은 사람은 물론 사물도 포함하기 때문에 이들 접미사가 아니라 수량어미 ±*lAr*가 쓰인다.

II군 인칭어미

터키어에서 활용 인칭어미는 주어와 관련된 정보를 나타내므로 인칭대명사 주어가 생략된 문장이라 해도 문장의 주어가 누구인지 알 수가 있다. 활용 인칭어미는 어말어미로서 동사어간에 첨가되는 서법이나 동작상 그리고 계사어간에 첨가되는 서법이나 시제를 나타내는 선행 활용어미(선어말어미)에 추가로 첨가되면서 항상 문장의 맨 뒤에 나타난다. 물론 활용 인칭어미가 의문문에서는 의문어미 *mİ* 뒤에 나타나기도 하지만, 이는 의문어미에 첨가된 것이 아니라 본래의 위치인 선어말어미 뒤에서 의문어미 뒤로 이동한 것이다. 따라서 활용 인칭어미는 선어말어미의 음절구조와 인칭에 따라 각기 다른 형태들로 나타나기 마련이다. 따라서 이 책에서는 편의상 선어말어미의 음절구조가 +CV일 때 첨가되는 활용 인칭어미들은 I군 인칭어미, -CV일 때 첨가되는 활용 인칭어미들은 II군 인칭어미라 부르기로 한다.

요컨대, 선어말어미의 음절구조가

1) CV일 때, 즉 ˉ*Dİ*, ˉ*sA* ⇒ ˉ*I군 인칭어미*

2) CV가 아닐 때, 즉 ˉ*İyor*, ˉ*(y)AcAK*, ˉ*mİş*, ˉ*(A/İ)r*, ˉ*(y)A*, ˉ*mAlİ*, ˉ*sİn*, ˉ*Ø* ⇒ ˉ*II군 인칭어미*

여기에서 1)이 전제조건이고 괄호 안에 표시된 매개자음은 어기가 모음으로 끝날 때 생기는 모음충돌을 회피하기 위해 사용되는 것으로서 본래 어미의 일부가 아니므로 음절구조를 판정할 때는 고려 대상이 아니라는 점에 주의해야 한다. 예컨대, ˉ*(y)A*는 (C)V로서 1)로 오해할 수 있으나 이는 어기가 모음으로 끝나는 경우이고 어기가 자음으로 끝나면 ˉ*A*만 첨가되므로 이 어미의 본래 음절구조는 V가 되어서 1)에 해당되지 않고 또 ˉ*Ø*는 선어말어미가 제로인 경우로서 그 구조를 판정할 음절 자체가 아예 없지만, 이는 결국 전제조건인 1)에 해당하지 않는다.

I군 인칭어미는 제6과에서 설명하기로 하고 여기에서는 II군 인칭어미부터 살펴보기로 한다. II군 인칭어미는 다음과 같다.

II군 인칭어미	비복수	복수
1인칭(화자)	ˉ*(y)İm*	ˉ*(y)İz*
2인칭(청자)	ˉ*sİn*	ˉ*sİnİz*
3인칭(제3자)	ˉ*Ø*	ˉ*(lAr)*

II군 인칭어미에서 화자는 ˉ*(y)İm*으로 표시하고 청자는 ˉ*sİn*으로 표시하지만, 제3자는 제로, 즉 아무 표시도 하지 않는다. 왜냐하면 1인칭과 2인칭은 화자와 청자로 특정되므로 표시를 달 수 있지만, 제3자는 화자와 청자를 제외한 누구라도 될 수 있어서 표시를 달 수가 없기 때문이다. 따라서 1, 2인칭 대명사 주어는 생략될 수 있지만, 3인칭은 주어를 인칭대명사나 명사로 직접 표시해야 한다. 3인칭 복수형의 어미가 생략될 수 있는 것은 3인칭 주어가 인칭대명사나 명사로 표시되어서 인칭어미로 표시되는 정보가 주어에 있기 때문이다.

한편, 1인칭 복수형의 어미는 논리적으로 볼 때 *-*(y)İm*-*(y)İz*가 되어야 하겠지만 화자를 나타내는 -*(y)İm*이 삭제되었음에 주의해야 한다. 본래 ±*(y)İz*는 앞서 설명했듯이 인칭이 복수임을 나타내는 어미이다. 따라서 만일 화자를 나타내는 -*(y)İm*이 삭제되지 않는다면 화자가 복수라는 의미를 나타내는 것인데, 이는 이치에 맞지 않는다. 왜냐하면 복수 주어라 할지라도 화자는 언제나 한 사람뿐이기 때문이다.

✓ 계사문

영어에서 서술어가 될 수 있는 말은 동사뿐이지만, 터키어에서는 동사 이외에 계사도 서술어가 될 수 있다. 따라서 터키어 문장은 서술어의 종류에 따라 크게 계사문과 동사문으로 나뉜다.

계사(copula)란 명제의 주사와 빈사를 서로 연결하는 말로써 연사라고도 번역되는데, 주어와 보어를 연결하는 말을 일컫기 위해 언어학이 논리학에서 빌려와 사용하고 있는 용어이다. 터키의 기존 학교문법에서 소위 접미동사(ekeylem)라고 하는 i-, 우리말의 서술격 조사 '이-'나, 보어와 함께 쓰이는 영어의 be동사가 이에 해당한다.

터키어의 계사는 활용어로서 서술어가 될 수 있지만, 어휘적인 의미가 없기 때문에 반드시 서술어의 의미를 보충해주는 보어와 함께 쓰여야 한다.

따라서 터키어의 계사문은 크게 '주어부 + 서술어부'로 구성되고, 또 서술어부는 반드시 '보어 + 계사어간-*선어말어미* + 활용 인칭어미(어말어미)'의 하위 구조를 갖추고 있어야 한다. 그런데, 우리말의 어간은 선어말어미 없이 어말어미만 있어도 쓰일 수 있지만, 터키어의 어간은 반드시 선어말어미와 함께 쓰여야 한다는 어간의 분포 제약이 있음에 주의해야 한다. 요컨대, 어간이 문장에서 쓰이려면 우리말은 반드시 어말어미가 있어야 하지만, 터키어에서는 반드시 선어말어미가 있어야 한다. 따라서 만일 계사문이 선어말어미로 표시되는 서법이나 시제가 없는, 즉 서실법, 무시제 문장이라면 어간의 분포 제약에 따라 서술어인 계사는 삭제되고 어말어미인 활용 인칭어미는 서술어의 선행 요소인 보어와 결합하게 된다. 이때 활용 인칭어미는 선어말어미가 없기 때문에 그 음절구조는 결국 +CV가 아니므로 II군 인칭어미가 선택된다.

[계사문의 서술어부 구조]

1) 평서문

긍정	형용사/명사 + (계사) + II군 인칭어미
부정	형용사/명사 + değil + (계사) + II군 인칭어미

계사문의 부정은 긍정문에 후치사 değil을 추가하여 만든다. 이때 II군 인칭어미는 어말어미로서 계사와 함께 후치사 değil 뒤로 이동하여 원래의 위치인 문장의 맨 뒤에 자리 잡고 있음에 주의해야 한다.

예

주어	긍정	부정
1인칭 비복수	(Ben) İyiyim.	(Ben) İyi değilim.
2인칭 비복수	(Sen) İyisin.	(Sen) İyi değilsin.
3인칭 비복수	O iyi.	O iyi değil.
1인칭 복수	(Biz) İyiyiz.	(Biz) İyi değiliz.
2인칭 복수	(Siz) İyisiniz.	(Siz) İyi değilsiniz.
3인칭 복수	Onlar iyi(ler).	Onlar iyi değil(ler).

2) 의문문

긍정	형용사/명사 + *mİ* + (계사) + II군 인칭어미
부정	형용사/명사 + değil + *mİ* + (계사) + II군 인칭어미

계사문의 의문문은 의문어미 *mİ*를 추가하여 만든다. 이때 II군 인칭어미는 역시 계사와 함께 의문어미 *mİ* 뒤로 이동하여 평서문에서와 마찬가지로 문장의 맨 뒤에 자리 잡고 있음에 주의해야 한다.

예

주어	긍정 의문	부정 의문
1인칭 비복수	(Ben) İyi miyim?	(Ben) İyi değil miyim?
2인칭 비복수	(Sen) İyi misin?	(Sen) İyi değil misin?
3인칭 비복수	O iyi mi?	O iyi değil mi?
1인칭 복수	(Biz) İyi miyiz?	(Biz) İyi değil miyiz?
2인칭 복수	(Siz) İyi misiniz?	(Siz) İyi değil misiniz?
3인칭 복수	Onlar iyi(ler) mi?	Onlar iyi değil(ler) mi?

긍정문을 익힙시다.

1) Ben iyiyim. 나는 괜찮습니다.

2) Biz öğretmeniz. 우리는 선생님입니다.

3) Sen güzelsin. 너는 아름답다.

부정문을 익힙시다.

1) Ben iyi değilim. 나는 괜찮지 않습니다.

2) Ben öğrenci değilim. 나는 학생이 아닙니다.

3) Bu ev büyük değil. 이 집은 크지 않습니다.

의문문을 익힙시다.

1) Sen iyi misin? 너 괜찮니?

2) Türk müsün? 너는 터키인이니?

3) Ben çalışkan mıyım? 나는 부지런합니까?

4) Onlar doktorlar mı? 그들은 의사입니까?

5) Türk değil misiniz? 당신들은 터키인이 아닙니까?

6) Siz iyi değil misiniz? 당신은 괜찮지 않습니까?

C.3. 표를 완성하시오.

	çalışkan 긍정	çalışkan 부정	çalışkan 긍정의문	çalışkan 부정의문
Ben				
Sen				
O				
Biz				
Siz				
Onlar				

	doktor 긍정	doktor 부정	doktor 긍정의문	doktor 부정의문
Ben				
Sen				
O				
Biz				
Siz				
Onlar				

	memur 긍정	memur 부정	memur 긍정의문	memur 부정의문
Ben				
Sen				
O				
Biz				
Siz				
Onlar				

	akıllı 긍정	akıllı 부정	akıllı 긍정의문	akıllı 부정의문
Ben				
Sen				
O				
Biz				
Siz				
Onlar				

C.4. 어법상 옳은 것에 O 표시를, 틀린 것에 X 표시를 하시오.

1. Sen küçük değilsiniz. ( )
2. Biz çalışkanız. ( )
3. O büyük değil. ( )
4. Siz tembelim. ( )
5. Onlar kötü mü? ( )

C.5. 문장을 완성하시오.

1. Ben Koreli ________ . (긍정)
2. Biz Türk' ________ . (긍정)
3. O pilot ________ . (긍정)
4. Ben kötü ________ . (긍정)
5. Siz tembel ________ . (부정)
6. Ben öğrenci ________ . (부정)
7. Sen çirkin ________ . (부정)
8. Siz iyi ________ ?
9. O büyük ________ ?
10. Sen öğretmen ________ ?

나이

1) 의문사 Kaç yaşında+인칭어미 : 몇 살이십니까?
Kaç yaşındasınız? 댁은 몇 살입니까?

2) 숫자 yaşında+ 활용 인칭어미(II군 인칭어미) : ~살입니다.
22 yaşındayım. 나는 22살입니다.

C.6. 어법상 옳은 것에 O 표시를, 틀린 것에 X 표시를 하시오.

1. Biz kırk dokuz yaşındasınız. ( )
2. Onlar on üç yaşında. ( )
3. Siz kaç yaşındayım? ( )
4. Ben on iki yaşında. ( )
5. Sen kaç yaşındasın? ( )

C.7. Dinleyiniz, tamamlayınız. 듣고 완성하시오.

Suji Merhaba Murat.

Murat Merhaba Suji!

Suji Nasıl ① ______? İyi ② ______?

Murat Çok iyi ③ ______, teşekkür ederim. Sen nasıl ④ ______?

Suji Ben bugün iyi ⑤ ______, hasta ⑥ ______.

Murat Geçmiş olsun Suji.

◎ 어느 나라 사람입니까?

국가 (Ülke)	사람 (Millet)	언어 (Dil)	도시 (Şehir)
Kore	Koreli	Korece	Seul
Çin	Çinli	Çince	Pekin
Japonya	Japon	Japonca	Tokyo
Almanya	Alman	Almanca	Berlin
Fransa	Fransız	Fransızca	Paris
Türkiye	Türk	Türkçe	İstanbul
Birleşik Krallık [BK] İngiltere	İngiliz	İngilizce	Londra
Amerika Birleşik Devletleri [ABD] Amerika	Amerikalı	İngilizce	New York
Ürdün	Arap	Arapça	Amman
Suriye	Arap	Arapça	Şam
Irak	Arap	Arapça	Bağdat
İran	İranlı	Farsça	Tahran
Yunanistan	Yunan	Yunanca	Atina
Rusya	Rus	Rusça	Moskova

C.8. 문장을 완성하시오.

Sen nerelisin?

1. Ben Koreliyim. - 나는 한국인입니다.
2. Ben ______________ - 나는 프랑스인입니다.
3. Ben ______________ - 나는 일본인입니다.
4. Ben ______________ - 나는 중국인입니다.
5. Ben ______________ - 나는 러시아인입니다.
6. Ben ______________ - 나는 앙카라 사람입니다.
7. Ben ______________ - 나는 서울 사람입니다.
8. Ben ______________ - 나는 이즈미르 사람입니다.
9. Ben ______________ - 나는 부산 사람입니다.

안부 묻기

A : Nasılsınız? B : İyiyim. / Fena değilim. / Şöyle böyle.

A : Ne haber? B : İyilik, sağlık.

A : Ne var ne yok? B : İyilik, sağlık. Sende ne var ne yok?

감사의 표현

A : Teşekkür ederim.

B : Rica ederim. / Bir şey değil. / Ben teşekkür ederim.

A : Sağ olun.

B : Rica ederim. / Bir şey değil. / Siz de sağ olun.

C.9. 자기소개를 하시오.

- Ad
- Soyadı
- Nereli?
- Yaş
- Meslek

단어

ad 이름
çalışkan 부지런한
elma 사과
gün 날, 일
iyi 좋은
kötü 나쁜
saat 시계
Türk 터키인

akşam 저녁
çanta 가방
ev 집
insan 사람
kalem 연필
öğrenci 학생
soyadı 성(이름)
yaş 나이

büyük 큰
doktor 의사
gece 밤
isim 이름
kitap 책
öğretmen 선생님
tembel 게으른

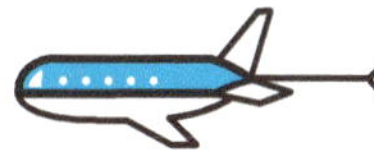

Ünite 2

Okulum
우리 학교

학습목표

장소와 위치를 찾고 표현할 수 있으며 학교생활과 관련이 있는 상황을 표현하는 데 유용한 계사문의 긍정형, 부정형, 의문형을 익힌다.

1. Öğrenciler nerede?	학생들은 어디에 있나요?
2. Sınıfta bilgisayar var mı?	교실에 컴퓨터가 있나요?
3. Senin okulun nerede?	네 학교는 어디에 있어?
4. Odanda neler var?	네 방에는 어떤 것들이 있어?

A. Nerede? 어디에 있어요?

A.1. Okuyunuz. 읽어 보시오.

Merhaba. Benim adım Esra. Ben on beş yaşındayım, ortaokulda yedinci sınıf öğrencisiyim. Burası benim okulum. Benim okulum Çankaya'da. Çankaya, Ankara'nın büyük bir semti. Benim okulumda iki yüz elli öğrenci ve on yedi öğretmen var. Benim okulum çok büyük. Okulumda on iki sınıf var. Benim sınıfım birinci katta. Sınıfımda on beş öğrenci var.

A.2. *A.1.*의 지문을 읽고, 옳은 것에 O 표시를, 틀린 것에 X 표시를 하시오.

1. Esra on iki yaşında. ( )
2. Esra lisede öğrenci. ( )
3. Esra'nın okulu Ankara'da. ( )
4. Esra yedinci sınıfta. ( )

A.3. 그림에 알맞은 단어를 골라 쓰시오.

kalem sıra defter öğrenci öğretmen tahta çanta kitap

①

②

③

④

⑤

⑥

⑦

⑧

A.4. 그림에 알맞은 단어를 골라 쓰시오.

anaokulu ortaokul üniversite lise ilkokul

①

②

③

④

⑤

문법 Dilbilgisi

처격어미 +*DA*

움직임이나 작용이 일어났거나 일어나고 있거나 또는 일어날 장소임을 나타낸다. A형 어미이므로 어기의 마지막 음절 모음이

1) 후설모음 a, ı, o, u 가운데 하나이면 어미의 모음은 a
2) 전설모음 e, i, ö, ü 가운데 하나이면 어미의 모음은 e가 되며

유무성 짝이 있는 자음으로 시작하는 어미이므로 자음동화가 일어나서

3) 어기가 모음이나 유성자음으로 끝나면 어미의 어두 자음은 d
4) 어기가 무성자음으로 끝나면 어미의 어두 자음은 t가 된다.

evde	okulda	kitapta	derste	sınıfta
burada	şurada	orada	nerede	

A.5. 어법상 옳은 것에 O 표시를, 틀린 것에 X 표시를 하시오.

1. Seul Kore'te. ( )
2. İstanbul Türkiye'de. ( )
3. Ali evde. ( )
4. Berk arabade. ( )
5. Onlar takside. ( )

A.6. 처격어미를 사용하여 문장을 완성하시오.

1. Kart nerede? Kart cüzdan ______.

2. Sandviç nerede? Sandviç tabak ______.

3. Çocuk nerede? Çocuk bahçe ________. 4. Kuşlar nerede? Kuşlar kafes ________.

A.7. 처격어미를 사용하여 문장을 완성하시오.

1. A : Öğrenciler nerede?
   B : Öğrenciler sınıf ________.

2. A : Çankaya nerede?
   B : Çankaya Ankara' ________.

3. A : Seul nerede?
   B : Seul Kore' ________.

4. A : Kitaplar nerede?
   B : Kitaplar masa ________.

5. A : Bardak nerede?
   B : Bardak dolap ________.

6. A : Büşra nerede?
   B : Büşra ofis ________.

7. A : Kedi nerede?
   B : Kedi bahçe ________.

8. A : Çocuklar nerede?
   B : Çocuklar park ________.

9. A : Siz neredesiniz?
   B : Ev ________.

10. A : Defter nerede?
    B : Defter çanta ________.

A.8. Dinleyiniz, tamamlayınız. 듣고 완성하시오.

Gül Alo Ece.

Ece Merhaba Gül. Ne haber?

Gül İyilik sağlık. ① ______ ?

Ece ② Otobüs ______ .

Gül Tamam, ben sınıftayım. Çabuk gel.

A.9. 처격어미를 사용하여 문장을 완성하시오.

1. Ben şimdi hastane ______ .
2. Biz restoran ______ .
3. Siz park ______ ?
4. Ali havuz ______ .
5. Ben oda ______ .
6. Sen otobüs ______ ?
7. Biz şimdi uçak ______ değil ______ .
8. Onlar metro ______ .
9. Siz yol ______ ?
10. Sen nere ______ ?

B. Ne var, ne yok? 무엇이 있어요 / 없어요? 

B.1. var와 yok을 사용하여 문장을 완성하시오.

1. Sınıfta tahta ______.
2. Sınıfta kitaplar ______.
3. Sınıfta sıralar ______.
4. Sınıfta bilgisayar ______.
5. Sınıfta sandalyeler ______.
6. Sınıfta kedi ______.
7. Sınıfta pencere ______.
8. Sınıfta halı ______.
9. Sınıfta kitaplık ______.
10. Sınıfta televizyon ______.

B.2. 작문하시오.

Senin sınıfında neler var, neler yok?

____

____

____

B.3. 그림을 보고, 다음 질문에 답하시오.

1. Salonda televizyon var mı?

2. Salonda halı var mı?

3. Salonda insan var mı?

4. Salonda kitaplık var mı?

5. Salonda sehpa var mı?

6. Salonda köpek yok mu?

B.4. 연습해 보시오.

Senin odandaneler var, neler yok?

- Yatak
- Televizyon
- Dolap
- Sehpa
- Halı
- Kitaplık

문법 Dilbilgisi

✓ 존재구문 var / yok

'~에 ~이 있다.' 류의 문장을 존재구문이라고도 하는 데, 터키어에서는 형용사 var로 만든다. 원래 서술적 용법으로만 쓰이는 형용사 var가 보어이고 서술어는 계사로서 계사문의 일종이지만, 부정문은 후치사 değil(아니다)가 아니라 var(있다)의 반대말인 yok(없다)로 만들고 또 어순이 아래의 표에서 보는 바와 같이 대체로 고정되어 있다는 점에서 차이를 보인다.

1) 평서문

긍정	⁺*DA* + 주어 + var + (계사) + II군 인칭어미
부정	⁺*DA* + 주어 + yok + (계사) + II군 인칭어미

2) 의문문

긍정	⁺*DA* + 주어 + *var* + *mİ* + (계사) + II군 인칭어미?
부정	⁺*DA* + 주어 + *yok* + *mİ* + (계사) + II군 인칭어미?

물론 어순이 고정되어 있다고 해도 첨가어라는 속성상 어순은 얼마든지 바뀔 수 있는데, 그렇다 해도 부사어와 보어는 나란히 연이어 나타나지 않는다. Masada kitap var.(◯) Masada kitap yok.(◯)을 예로 들자면, 아래 (1), (2)와 같이 처격이 첨가된 부사어가 보어인 var나 yok과 서로 떨어져 있는 도치문은 가능하지만, 처격이 첨가된 부사어 바로 뒤에 보어인 var나 yok이 있는 (3)과 (4)는 비문이 된다.

(1) Var kitap masada.(◯) Yok kitap masada.(◯)
(2) Kitap var masada.(◯) Kitap yok masada.(◯)
(3) Kitap masada var.(×) ⇒ (3-1) Kitap masada.(◯) ⇒ (3-2) Masada kitap var.(◯)
(4) Kitap masada yok.(×) ⇒ (4-1) Kitap masada değil.(◯) ⇒ (4-2) Masada kitap yok.(◯)

B.5. Okuyunuz, tamamlayınız. 읽고 완성하시오.

Esra	Selam Hansu, ① nasıl ______?
Hansu	Selam Esra. ② İyi ______. Teşekkürler. Sen ③ nasıl ______?
Esra	Fena ④ değil ______, çok sağ ol.
Hansu	Esra, senin memleketin neresi?
Esra	Benim memleketim Ankara. Ya senin?
Hansu	Benim memleketim Seul. Senin okulun nerede?
Esra	Benim okulum ⑤ Çankaya' ______. Senin okulun nerede?
Hansu	Benim okulum ⑥ Gangnam' ______.

문법 Dilbilgisi

속격(소유격) 어미 ⁺*(n)İn*
III군 인칭어미

속격어미는 명사가 명사를 수식하는 명사수식법에서 선행 명사에 첨가되며 그 명사가 후행 명사의 소유주이거나 아니면 선행 명사가 전체이고 후행 명사는 그 일부로 선행 명사에 속해 있음을 나타낸다. 한편, 후행 명사에는 III군 인칭어미가 첨가된다.

모음으로 시작하는 İ형 어미이므로 어기인 선행 명사의 마지막 음절 모음이

a, ı 가운데 하나이면 어미의 모음은 ı
e, i 가운데 하나이면 어미의 모음은 i
o, u 가운데 하나이면 어미의 모음은 u
ö, ü 가운데 하나이면 어미의 모음은 ü가 되며

모음으로 끝나는 어기에 첨가될 때는 모음충돌을 회피하기 위한 수단으로 두 모음 사이에 매개 자음 n을 넣는다. 그러나 명사 'su'와 의문사 'ne'는 모음으로 끝나지만, 매개 자음 n을 넣지 않음에 주의해야 한다.

su⁺*(n)İn* → sunun(×) ⇒ suyun
ne⁺*(n)İn* → nenin(×) ⇒ neyin

한편, 1인칭 대명사에 속격어미가 첨가될 때는 어미의 어말 자음 n이 m로 바뀐다는 점에도 주의해야 한다.

ben⁺*(n)İn* → benin(×) ⇒ benim
biz⁺*(n)İn* → bizin(×) ⇒ bizim

III군 인칭어미는 명사에 첨가되는 곡용 인칭어미로서 제1과에서 살펴본 활용 인칭어미, 즉 II군 인칭어미와는 다른 종류의 인칭어미이다. 활용 인칭어미가 주어와 관련된 정보를 나타내는 것과는 달리 곡용 인칭어미는 명사의 소유주와 관련된 정보를 나타낸다. 명사 수식법에서 선행 명사에 첨가되는 속격어미 역시 선행 명사가 후행 명사의 소유주임을 나타낼 때도 있으므로 속격어미와 곡용 인칭어미인 III군 인칭어미는 그 의미가 서로 중첩되는 경우가 있다. 따라서 1인칭과 2인칭에서는 속격어미가 첨가된 선행 명사를 생략할 수도 있다.

	속격대명사 비복수	III군 인칭어미 비복수	속격대명사 복수	III군 인칭어미 복수
1인칭	(Benim)	명사+*(İ)m*	(Bizim)	명사+*(İ)mİz*
2인칭	(Senin)	명사+*(İ)n*	(Sizin)	명사+*(İ)nİz*
3인칭	Onun	명사+*(s)İ*$_n$*	Onların	명사+*(s)İ*$_n$ 명사+*lArİ*$_n$*

III군 인칭어미의 1인칭과 2인칭 복수형은 II군 인칭어미에서와 마찬가지로 각각의 비복수형에 인칭 복수어미 ±*(y)İz*가 첨가된 형태이다. 단, 1인칭 복수형에서 II군 인칭어미와의 차이점에 주의해야 한다. II군 인칭어미에서는 1인칭어미가 화자를 나타내고 또 화자는 언제나 1

인뿐이기 때문에 화자를 나타내는 ⁻*(y)İm*이 삭제되었지만, 곡용 인칭어미에서는 1인칭어미가 소유주를 나타내고 또 1인칭 복수형의 소유주에는 화자 역시 포함되는 것이므로 삭제하지 않는다. 요컨대, 만일 삭제된다면 화자가 소유주라는 것을 나타낼 수 없기 때문이다.

* 3인칭 어미의 비복수와 복수형 모두에 표시되어 있는 아래 첨자 **n**에 주의해야 한다. 인칭어미가 단독으로 쓰일 때 비복수형은 ⁺*(s)İ*, 복수형은 ⁺*lArİ*이지만 이 어미들 뒤에 격어미들이나 접사 ⁺*CA*와 같은 다른 접미사들이 추가로 첨가되는 아래와 같은 경우에는 **n**이 나타나는 현상을 설명하기 위해 편의상 붙인 것이다.

Onun sınıfı
Onların sınıfı / sınıfları
Onun arabası
Onların arabası / arabaları

Onun sınıfı**n**da
Onların sınıfı**n**da / sınıfları**n**da
Onun arabası**n**da
Onların arabası**n**da / arabaları**n**da

	선행 명사+속*격어미*		후행 명사+*III군 인칭어미*	
	비복수	복수	비복수	복수
1인칭	(beni**m**)	(bizi**m**)	adım	adımız
2인칭	(senin)	(sizin)	adın	adınız
3인칭	onun	onların	adı	adı/adları

Benim adım Suji.
(Benim) Adım Suji.
Onun adı Ali

한편, 명사 'su'는 모음으로 끝나지만, 곡용 3인칭어미, 즉 III군 3인칭어미 $+(s)\dot{I}_n$가 첨가될 때 매개 자음 s를 넣지 않음에 주의해야 한다.

$$su^{+}(s)\dot{I}_n \rightarrow susu(\times) \Rightarrow suyu$$

B.6. 속격어미에 맞는 인칭어미를 넣어 완성하시오.

memleket

Benim memleket ______ Bizim memleket ______

Senin memleket ______ Sizin memleket ______

Onun memleket ______ Onların memleket ______

okul

Benim okul ______ Bizim okul ______

Senin okul ______ Sizin okul ______

Onun okul ______ Onların okul ______

göz

Benim göz ______ Bizim göz ______

Senin göz ______ Sizin göz ______

Onun göz ______ Onların göz ______

para

Benim para ______ Bizim para ______

Senin para ______ Sizin para ______

Onun para ______ Onların para ______

B.7. 속격어미에 맞는 인칭어미를 넣어 문장을 완성하시오.

1. Benim ofis ______ Dongdaemun'da.
2. Senin doktor ______ kim?
3. Senin gözler ______ güzel.
4. Sizin telefon ______ masada.

5. Bizim ev ________ ikinci katta.

6. Sizin kedi ________ güzel değil.

7. Onların arkadaş ________ yok.

8. Onun iki kalem ________ var.

9. Benim öğretmen ________ çok iyi.

10. Bizim sınıf ________ büyük.

B.8. Dinleyiniz, tamamlayınız. 듣고 완성하시오.

Öğrenci İşleri

Ahmet Kaya	İyi günler! Transkript istiyorum.
Memur	Öğrenci ① ____________, lütfen.
Ahmet Kaya	Buyurun.
Memur	② ____________ ne?
Ahmet Kaya	Ahmet.
Memur	Peki, ③ ____________?
Ahmet Kaya	④ ____________ Kaya.
Memur	Okul ⑤ ____________ kaç?
Ahmet Kaya	2017006.
Memur	Tamam. Buyurun, ⑥ ____________.

B.9. *B.8.*의 지문을 읽고, 옳은 것에 O 표시를, 틀린 것에 X 표시를 하시오.

1. Ahmet öğrenci. ( )
2. Ahmet'in öğrenci kimliği yok. ( )
3. Ahmet'in soyadı Kaya. ( )

C. Kaçıncı Katta? 몇 층에 있어요?

문법 Dilbilgisi

서수접사 $^{+}$*(İ)ncİ*

수 형용사에 첨가하면 순서를 나타내는 서수가 된다. 터키어에서는 아라비아 숫자 뒤에 마침표가 있으면 그 수는 순서를 나타내는 서수임을 나타낸다.

1. → Birinci
2. → İkinci
3. → Üçüncü
4. → Dördüncü
5. → Beşinci
6. → Altıncı
7. → Yedinci
8. → Sekizinci
9. → Dokuzuncu
10. → Onuncu
20. → Yirminci

C.1. 그림을 보고, 다음 질문에 답하시오.

1. Kütüphane kaçıncı katta?

2. Sınıflar kaçıncı katta?

3. Kafeterya kaçıncı katta?

4. İkinci katta neler var?

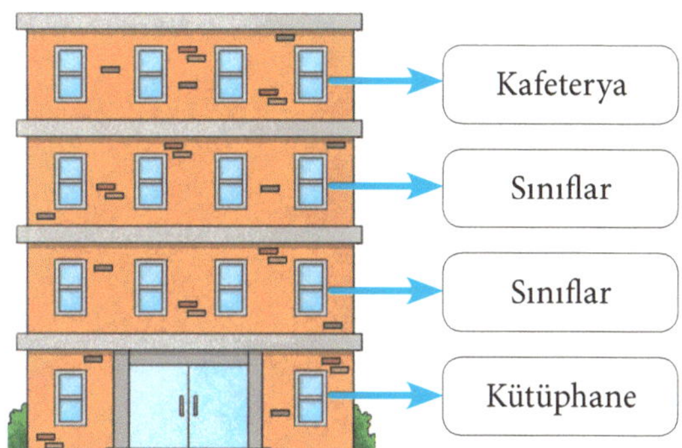

C.2. Dinleyiniz, tekrarlayınız. 듣고 따라 하시오.

C.3. 그림을 보고, 다음 질문에 답하시오.

1. Kitap hangi renk?

____

Senin kitabın hangi renk?

____

2. Defter hangi renk?

Senin defterin hangi renk?

3. Silgi hangi renk?

Senin silgin hangi renk?

4. Sıra ve sandalye hangi renk?

Senin sıran ve sandalyen hangi renk?

5. Cetvel hangi renk?

Senin cetvelin hangi renk?

C.4. 그림을 보고, 알맞은 반대말을 골라 쓰시오.

fakir × zengin	yumuşak × sert	sıcak × soğuk
dolu × boş	uzun × kısa	yakın × uzak
zayıf × şişman	ucuz × pahalı	büyük × küçük
zor × kolay	ince × kalın	

① 

② 

③

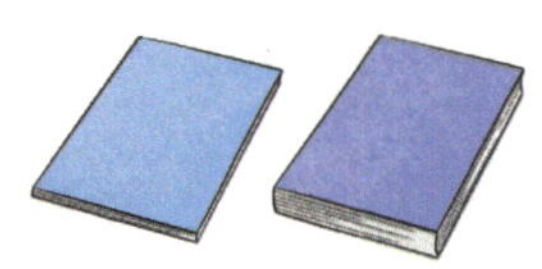

④ 

⑤

⑥

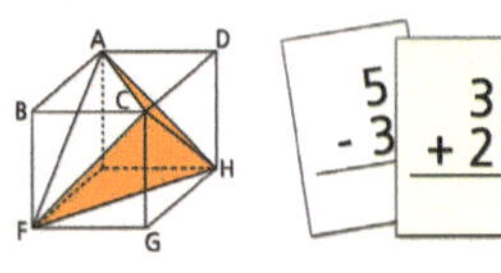

⑦ 

⑧

⑨

⑩

⑪

C.5. 다음 단어들의 알맞은 반대말을 골라 쓰시오.

fakir	küçük	dolu	soğuk	kısa	şişman	yakın
kalın	kolay	doğru	yüksek	yavaş	yumuşak	

1. büyük → (   ) 2. zengin → (   ) 3. uzak → (   )

4. uzun → (   ) 5. zor → (   ) 6. sıcak → (   )

7. zayıf → (   ) 8. boş → (   ) 9. yanlış → (   )

10. alçak → (   ) 11. ince → (   ) 12. hızlı → (   )

13. sert → (   )

C.6. 문장을 완성하시오.

1. Benim araba________ yastık yok.
2. Senin okul________ kütüphane var mı?
3. Bizim bahçe________ ağaçlar var.
4. Onun ev________ koltuk var.
5. Onların şişe________ su yok.
6. Sizin masa________ kağıtlar var.
7. Onun restoran________ lezzetli yemekler var.
8. Benim el________ şimdi kalem yok.
9. Sizin cüzdan________ para var mı?
10. Senin oda________ bilgisayar var mı?

C.7. Dinleyiniz, tamamlayınız. 듣고 완성하시오.

Tuna Esra, o ne?

Esra O benim çantam.

Tuna ① ________ kitap var mı?

Esra Tabii ki var.

Tuna Çantanda ② ________ neler var?

Esra ③ ________ kitaplarım, defterim, kalem kutum, cüzdanım var.

Tuna Peki, ④ ________ neler var?

Esra ⑤ ________ biraz para ve metro kartım var.

Kelimeler 단어

araba 자동차
arkadaş 친구
bahçe 정원, 공원
bardak 컵
bilgisayar 컴퓨터
çanta 가방
çocuk 아이
cüzdan 지갑
defter 공책
ders 수업
göz 눈
güzel 아름다운
halı 카펫
hastane 병원
kart 카드
kedi 고양이
kitaplık 책장
köpek 개
kuş 새
kütüphane 도서관
masa 책상
memleket 고향
oda 방
ofis 사무실
okul 학교
otobüs 버스
park 공원
pencere 창문
renk 색깔
sandalye 의자
sınıf 교실
sıra 줄, 열, 책상
silgi 지우개
şu anda 지금, 현재
tabak 접시
tahta 칠판
üniversite 대학교
yok 없다
yol 길
var 있다

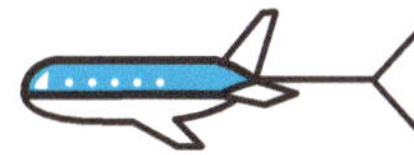

Ünite 3

Günlük Hayat
일과

학습목표

동사가 서술어로 쓰인 동사문 가운데 발화시점에서의 일과를 표현하는 데 유용한 진행상 문장을 익힌다. 아울러 시간 표현도 익힌다.

1. Siz kahvaltı yapmıyor musunuz?	너희들은 아침을 먹지 않니?
2. Sen yarın mı evleniyorsun?	너 결혼하는 날이 내일이야?
3. Sen nerede çalışıyorsun?	너 어디에서 일하니?
4. Saatiniz kaç?	지금 몇 시예요?

A. Ne yapıyorsunuz? 무엇을 하고 있어요? 

A.1. Okuyunuz. 읽어 보시오.

Ahmet Bey'in Bir Günü

Ahmet Bey bir ilkokulda öğretmen. O sabahları yedide uyanıyor. Duş alıyor ve saat yedi buçukta kahvaltı yapıyor. Kahvaltıda ekmek, peynir, yumurta, zeytin yiyor ve çay içiyor. Kahvaltıdan sonra giyiniyor, saat sekizde evden çıkıyor. Ahmet Bey okula metroyla gidiyor. O mesleğini ve öğrencilerini çok seviyor. Saat beşte okuldan çıkıyor ve eve dönüyor. Akşam yemeği yiyor, sonra biraz televizyon seyrediyor ve kitap okuyor. Saat on birde yatıyor.

A.2. *A.1.*의 지문을 읽고, 옳은 것에 O 표시를, 틀린 것에 X 표시를 하시오.

1. Ahmet Bey ortaokul öğretmeni. ( )
2. Ahmet Bey saat yedide uyanıyor. ( )
3. Ahmet Bey okula metroyla gidiyor. ( )
4. Ahmet Bey saat onda yatıyor. ( )
5. O sabahları kitap okuyor. ( )

A.3. 그림에 알맞은 표현을 골라 쓰시오.

git- kahvaltı yap- yat- duş al- kitap oku- uyan-

① ② ③

④ ⑤ ⑥

문법 Dilbilgisi

진행상(현재시제) 어미 -*İyor*

동사가 나타내는 움직임이나 작용의 세부적인 양상을 문법 범주로 표시한 것이 동작상(aspect)인데, 터키의 학교문법은 관행적으로 이를 시제로 설명한다. 시간의 흐름과 함께 예정-진행-완료로 끊임없이 순환되는 동작상태, 즉 동작상은 발화시점에서 관찰될 수 있듯이 과거에도 있고 또 미래에도 있기 마련이다. 그런데, 학교문법은 과거, 현재, 미래 즉 모든 시간대에 존재하는 예정상은 미래시제, 역시 모든 시간대에 존재하는 진행상은 현재시제, 그리고 마찬가지로 모든 시간대에 존재하는 완료상은 과거시제라고 하면서 이들 동작상을 특정 시간대라는 좁은 틀 안에 가둬놓고 설명하려는 무리수를 둔다. 그러다 보니 학교문법에는 수많은 예외들과 함께 서로 배치되고 중복되는 설명들이 존재할 수밖에 없다. 예컨대 동작상은 동사의 속성이므로 동사가 서술어로 쓰인 동사문에만 나타나고 앞에서 살펴본 계사문에는 어떠한 경우에도 나타나지 않는다. 그런데, 만일 동작상이 학교문법의 설명대로 시제를 표시하는 것이라면 계사문에서는 어떠한 시제도 표시할 수 없다는 딜레마에 빠지게 되거나 혹은 계사문에서 동작상을 표시하는 오류를 범하게 된다. 따라서 이 책에서는 잘못된 관행에 익숙한 사람들이 느낄 수 있는 혼란을 어느 정도 덜어주기 위해 학교문법의 용어를 제목에서는 병기하되 시제는 동작상으로 설명한다.

우선, 여기에서는 동작상 가운데 하나인 진행상에 대해 살펴보자. 진행상은 간단히 말해 "움직임이나 작용이 일어나고 있는 상태"를 일컫는다. 따라서 진행상의 시간적 위치는 발화시점, 즉 현재일 수도 있듯이 과거일 수도 있고 미래일 수도 있다. 그러나 학교문법은 현재시제라는 용어 때문에 이를 "움직임이나 작용이 <지금, 현재> 일어나고 있는 상태"라고 설명할 수밖에 없고 또 그렇게 하고 있다. 그러다 보니 과거의 진행상과 미래의 진행상은 현재시제의 예외적인 특수 용법으로 설명해야 하는 자가당착에 빠진다.

진행상 어미 -*İyor*는 동사의 속성 가운데 하나이므로 동사어간에 첨가되며 동사가 나타내는 움직임이 사건시에서는 완료되지 않은 채 계속 일어나고 있음을 나타낸다.

Mustafa Kemal Paşa 19 Mayıs 1919'da Samsun'a çıkıyor.
Mustafa Kemal Paşa şimdi Samsun'a çıkıyor.
Mustafa Kemal Paşa yarın Samsun'a çıkıyor.

위의 문장들은 사건시가 위에서부터 차례대로 과거, 현재, 미래인데, 모두 진행상 -*İyor*가 쓰였다. 이를 학교문법에서처럼 현재시제로 본다면 설명이 불가능한 예들이다. 물론 학교문법은 역사적인 사실을 현장에서 직접 눈으로 보는 것처럼 생생한 느낌을 주려면 또는 가까운 미래는 현재시제로 표현할 수 있다는 등의 암기해야만 하는 예외 규정들로 설명하면서 정작 왜 그런지에 대한 추가적인 질문에는 답을 하지 않는다. 사실 진행상은 앞서 설명했듯이 움직임이 완료되지 않고 계속되고 있는 상태를 나타내므로 생생함은 물론 기정사실을 당연히 표현할 수 있는 것이다.

진행상 어미 ˉ*İyor*는 음절구조가 -CV이므로 어말어미로 II군 인칭어미가 첨가되며 İ형 어미이므로

1) 동사어간이 자음으로 끝나면서 마지막 음절의 모음이

  a, ı 가운데 하나이면 어미의 어두 모음은 ı

  e, i 가운데 하나이면 i

  o, u 가운데 하나이면 u

  ö, ü 가운데 하나이면 ü가 된다.

2) 동사어간이 모음으로 끝나는 경우에는 모음충돌이 일어나므로 이를 회피하기 위한 수단으로 어간의 모음이 삭제된 다음에 그 앞의 모음에 따라 위와 동일한 방법으로 어미의 어두 모음이 결정된다.

긍정	동사어간-ˉ*İyor* + II군 인칭어미
부정	동사어간-ˉ*mA*ˉ*İyor* + II군 인칭어미

동사어간이 유성자음과 짝을 이루는 무성자음으로 끝나더라도 유성음화 현상은 일어나지 않는다. 다만, 사용 빈도가 높은 et-, git-, tat-과 et-으로 만들어진 합성동사의 경우에는 유성음화되어서 t는 d로 바뀐다.

sat- → satıyor
yap- → yapıyor
aç- → açıyor
kalk- → kalkıyor
et- → ediyor
git- → gidiyor
tat- → tadıyor
hisset- → hissediyor
seyret- → seyrediyor
affet- → affediyor
bekle- → bekliyor
ye- → yiyor
de- → diyor

계사문에서 부정은 후치사 değil을 사용하여 만들었지만, 진행상 문장에서는 어미 ˉ*mA*가 사용된다. 우선 동사어간에 이 어미를 첨가하여 동사의 부정어간을 만든 후에 여기에 진행상 어미가 첨가된다. 한편, 동사의 부정어간은 모음으로 끝나기 때문에 여기에 진행상 어미를 첨가할 때는 모음충돌이 일어난다. 위의 2)의 경우이므로 이때도 역시 부정어간의 모음이 삭제된다.

1) 평서문의 긍정과 부정 예시

주어	긍정	부정
1인칭 비복수	(Ben) Çalışıyorum.	Çalışmıyorum.
2인칭 비복수	(Sen) Çalışıyorsun.	(Sen) Çalışmıyorsun.
3인칭 비복수	O çalışıyor.	O çalışmıyor.
1인칭 복수	(Biz) Çalışıyoruz.	(Biz) Çalışmıyoruz.
2인칭 복수	(Siz) Çalışıyorsunuz.	(Siz) Çalışmıyorsunuz.
3인칭 복수	Onlar çalışıyor(lar).	Onlar çalışmıyor(lar).

2) 의문문의 긍정과 부정

긍정 의문	동사어간-ˉ*İyor mİ* + II군 인칭어미 ?
부정 의문	동사어간-ˉ*mA*ˉ*İyor mİ* + II군 인칭어미 ?

II군 인칭어미가 진행상어미 ˉ*İyor* 뒤에서 의문어미 *mİ* 뒤로 이동하였음에 주의해야 한다.

예

주어	긍정 의문	부정 의문
1인칭 비복수	(Ben) Çalışıyor muyum?	(Ben) Çalışmıyor muyum?
2인칭 비복수	(Sen) Çalışıyor musun?	(Sen) Çalışmıyor musun?
3인칭 비복수	O çalışıyor mu?	O çalışmıyor mu?
1인칭 복수	(Biz) Çalışıyor muyuz?	(Biz) Çalışmıyor muyuz?
2인칭 복수	(Siz) Çalışıyor musunuz?	(Siz) Çalışmıyor musunuz?
3인칭 복수	Onlar çalışıyor(lar) mı?	Onlar çalışmıyor(lar) mı?

A.4. 표를 완성하시오.

	kalk- 긍정	kalk- 부정	kalk- 긍정 의문	kalk- 부정 의문
Ben				
Sen				
O				
Biz				
Siz				
Onlar				

	giyin- 긍정	giyin- 부정	giyin- 긍정 의문	giyin- 부정 의문
Ben				
Sen				
O				
Biz				
Siz				
Onlar				

	otur- 긍정	otur- 부정	otur- 긍정 의문	otur- 부정 의문
Ben				
Sen				
O				
Biz				
Siz				
Onlar				

	dön- 긍정	dön- 부정	dön- 긍정 의문	dön- 부정 의문
Ben				
Sen				
O				
Biz				
Siz				
Onlar				

긍정문을 익힙시다.

1) Ben yemek yiyorum.

2) Sen kahvaltı yapıyorsun.

3) Biz kitap okuyoruz.

부정문을 익힙시다.

1) O sandalyede oturmuyor.

2) Onlar televizyon seyretmiyorlar.

3) Ben yüzmüyorum.

의문문을 익힙시다.

1) Sen geliyor musun?

2) Onlar gitmiyorlar mı?

3) Siz kahvaltı yapmıyor musunuz?

4) O yemek yemiyor mu?

A.5. 다음 빈칸에 들어갈 알맞은 진행상을 고르시오.

1. Biz evden ______________ .

① geliyorum　　② geliyorsun

③ geliyor　　④ geliyoruz

2. Sen okula ______________ ?

① gidiyorum　　② gidiyor musunuz

③ gitmiyorsun　　④ gidiyor musun

3. Ben alışveriş ______________ .

① yapıyoruz　　② yapıyorum

③ yapıyor　　④ yapıyorlar

A.6. 기본동사의 진행상

al-	alıyor	anla-	anlıyor
anlat-	anlatıyor	bak-	bakıyor
bil-	biliyor	gel-	geliyor
git-	gidiyor	iç-	içiyor
yıka-	yıkıyor	kalk-	kalkıyor
konuş-	konuşuyor	oku-	okuyor
otur-	oturuyor	sat-	satıyor
söyle-	söylüyor	uyu-	uyuyor
yaz-	yazıyor	ye-	yiyor

A.7. 다음 문장에 알맞은 그림을 고르고, 진행상을 사용하여 문장을 완성하시오.

①

②

③

④

⑤

⑥

⑦

⑧

⑨

⑩

⑪ ⑫ ⑬ ⑭ ⑮

1. O kitap okuyor. (④)
2. O uyu-__________. ( )
3. O fotoğraf çek-__________. ( )
4. O yemek pişir-__________. ( )
5. O su iç-__________. ( )
6. O yemek ye-__________. ( )
7. O dinlen-__________. ( )
8. O şarkı söyle-__________. ( )
9. O ağla-__________. ( )
10. O gül-__________. ( )

11. O ders çalış-________. ( )

12. O yüz-________. ( )

13. O gitar çal-________. ( )

14. O top oyna-________. ( )

15. O basketbol oyna-________. ( )

A.8. 진행상을 사용하여 문장을 완성하시오.

1. Ben sabahları erken uyan-________.
2. Biz şirkette çalış-________.
3. Annem şimdi mutfakta yemek yap-________.
4. Onlar şimdi konuş-________.
5. Biz bazen klasik müzik dinle-________.
6. Ali şimdi araba kullan-________.
7. Sen her zaman gülümse-________.
8. Siz yarın mı evlen-________?
9. Bebek şimdi odada uyu-________.
10. O hiç yalan söyle-________.
11. Babam şimdi salonda gazete oku-________.
12. Biz sık sık sinemaya git-________, film izle-________.
13. Sen nerede yaşa-________?
14. Siz nerede çalış-________?
15. Onlar yarın gel-________?

A.9. Dinleyiniz, yazınız. 듣고 빈칸을 채우시오.

1. A : Ne yapıyorsun? B : ____________
2. A : Ne yapıyorsun? B : ____________
3. A : Ne yapıyorsun? B : ____________
4. A : Ne yapıyorsun? B : ____________
5. A : Ne yapıyorsun? B : ____________

B. Nereden? Nerede? Nereye? 어디에서/어디에/어디로?

B.1. Dinleyiniz, tamamlayınız. 듣고 완성하시오.

öğret- yaşa- dinlen- çalış-

Merhaba! Benim adım Gülşah. Ben 32 yaşındayım. Ankara'da ① ____________. Evliyim ve bir çocuğum var. Ben Korece öğretmeniyim, Türklere Korece ② ____________. Hafta içi çalışıyorum ama hafta sonu ③ ____________, evde ④ ____________.

B.2. Dinleyiniz, tamamlayınız. 듣고 완성하시오.

otur- sev- çalış-

Selam! Benim ismim Mustafa. 28 yaşındayım, İstanbul'da ① ____________. Bekarım. İngilizce ve Almanca biliyorum. Bir şirkette müdürüm. Ben haftada altı gün ② ____________. İşimi çok ③ ____________.

B.3. 빈칸에 알맞은 표현을 골라 쓰시오.

ne nerede kim hangi ne zaman nasıl neden kaç

1. Sen __________ dil biliyorsun?

   – Ben beş dil biliyorum.

2. Eve __________ geliyor?

   – Esra geliyor.

3. Sen __________ okuyorsun?

   – Ben Hankuk Üniversitesinde okuyorum.

4. Ayşe __________ konuşuyor?

   – Ayşe hızlı konuşuyor.

5. Sen __________ geliyorsun?

   – Ben yarın geliyorum.

6. Sen __________ yemekleri seviyorsun?

   – Ben pizza ve kebap seviyorum.

7. Sen __________ istiyorsun?

   – Ben su istiyorum.

8. Sen __________ okula gitmiyorsun?

   – Çünkü hastayım.

문법 Dilbilgisi

탈격어미 ⁺*DAn*

명사에 첨가되며 그 명사가 움직임이나 작용이 비롯된 곳임을 나타낸다. A형 어미이므로 어기의 마지막 음절 모음이

1) 후설모음 a, ı, o, u 가운데 하나이면 어미의 모음은 a

2) 전설모음 e, i, ö, ü 가운데 하나이면 어미의 모음은 e가 되며

유무성 짝이 있는 자음으로 시작하는 어미이므로 자음동화가 일어나서

3) 어기가 모음이나 유성자음으로 끝나면 어미의 어두 자음은 d

4) 어기가 무성자음으로 끝나면 어미의 어두 자음은 t가 된다.

evden	okuldan	kitaptan
dersten	sınıftan	buradan
şuradan	oradan	nereden

인칭대명사 ⁺*DAn*

Ben	Benden	Biz	Bizden
Sen	Senden	Siz	Sizden
O	Ondan	Onlar	Onlardan

B.4. 탈격어미를 사용하여 문장을 완성하시오.

1. Ben sabahları ev__________ erken çıkıyorum.

2. Ali şimdi otobüs__________ iniyor.

3. Hırsız polis__________ kaçıyor.

4. Ben babam__________ para istiyorum.

5. Ayşe Ali'__________ hoşlanıyor.

6. İsmail yatak__________ kalkıyor.

7. Ben kediler__________ korkuyorum.

8. Babam yarın Kore'__________ geliyor.

9. Ben market__________ su alıyorum.

10. Çocuklar ağaç__________ elma topluyor.

문법 Dilbilgisi

여격어미 $^{+}$*(y)A*

명사에 첨가되며 그 명사가 움직임이나 작용이 향하는 곳임을 나타낸다.
A형 어미이므로 어기의 마지막 음절 모음이

1) 후설모음 a, ı, o, u 가운데 하나이면 어미의 모음은 a

2) 전설모음 e, i, ö, ü 가운데 하나이면 어미의 모음은 e가 되며

모음으로 시작하는 어미이므로 모음으로 끝나는 말에 첨가되면 모음충돌이 일어나므로 이를 회피하기 위한 수단으로 두 모음 사이에 매개자음 y를 넣는다.

okula	eve	sınıfa
Kore'ye	buraya	şuraya
oraya	nereye	

인칭대명사⁺(y)A

Ben	Bana	Biz	Bize
Sen	Sana	Siz	Size
O	Ona	Onlar	Onlara

1인칭 대명사 ben과 2인칭 대명사 sen에 여격어미가 첨가되면 *bene, *sene가 아니라 각각 bana와 sana가 되고 3인칭 대명사 o에 첨가되면 *oya가 아니라 ona가 됨에 주의해야 한다.

B.5. 여격어미를 사용하여 문장을 완성하시오.

1. Ben şimdi ev ______ gidiyorum.
2. Öğretmen şimdi sınıf ______ giriyor.
3. Biz şu anda metro ______ biniyoruz.
4. Şu adam neden biz ______ bakıyor?
5. Ben her akşam annem ______ telefon ediyorum.
6. Öğrenciler bazen öğretmen ______ soru soruyor.
7. Çocuklar defter ______ resim çiziyor.
8. Öğretmen tahta ______ yazı yazıyor.
9. Annem ben ______ para vermiyor.
10. Biz fincan ______ kahve koyuyoruz.
11. Onlar dağ ______ tırmanıyor.
12. Ali Ayşe' ______ her zaman yardım ediyor.
13. Sen nere ______ gidiyorsun?
14. Öğretmen öğrenciler ______ ödev veriyor.
15. O yarın Türkiye' ______ dönüyor.

B.6. Okuyunuz. 읽어 보시오.

Merhaba! Benim adım Mehmet. Ben üniversitede öğrenciyim. Hafta içi her gün okula gidiyorum. Ama evim okuluma biraz uzak. Sabahları evden saat altıda çıkıyorum. Çok erken saatte sokakta çok insan olmuyor ama köpekler oluyor. Ben köpeklerden biraz korkuyorum. Bu yüzden her zaman etrafıma bakıyorum. Evden durağa kadar yürüyorum ve metroya biniyorum, sonra metrodan iniyorum ve otobüse biniyorum. Otobüste müzik dinliyorum. Şişli'de otobüsten iniyorum ve okula kadar yürüyorum. Sonra derse giriyorum, derste öğretmenimi çok iyi dinliyorum. Öğlen üçte derslerim bitiyor, eve dönüyorum. Evde ders çalışıyorum, kitap okuyorum, ödev yapıyorum, biraz televizyon izliyorum ve saat on birde yatıyorum.

B.7. *B.6.*의 지문을 읽고, 다음 질문에 답하시오.

1. Mehmet sabahları evden neden erken çıkıyor?

2. O, okula nasıl gidiyor?

3. O, evde neler yapıyor?

문법 Dilbilgisi

탈격어미 ⁺*DAn*의 특수 용법

탈격어미는 본래 명사에 첨가되면 그 명사가 움직임이나 작용이 비롯된 곳임을 나타내는데, '앞에, 전에'라는 뜻의 후치사 önce나 '후에'라는 뜻의 후치사 sonra와 함께 쓰이기도 한다. 이러한 경우 그 명사는 시간적으로 움직임이나 작용에 앞서거나 뒤서는 기준이 되는 말이 된다.

B.8. ⁺*DAn* önce와 ⁺*DAn* sonra를 사용하여 문장을 완성하시오.

1. Ben duş ________________ giyiniyorum.
2. Ders ________________ eve gidiyoruz.
3. Spor ________________ duş alıyoruz.
4. Yemek ________________ ellerimi yıkıyorum.
5. Kahvaltı ________________ evden çıkıyorum.
6. Yemek ________________ bulaşık yıkıyorum.
7. Tatil ________________ valiz hazırlıyorum.

B.9. 작문하시오.

Bir günün nasıl geçiyor?

Ben her sabah ____

____

____

____

____

____

____

C. Saat kaç? 몇 시에요?

C.1. Okuyunuz. 읽어 보시오.

Yolcu	İyi günler. Otogara gitmek istiyorum.
Taksi Şoförü	Tabii, efendim. Yolculuk mu var?
Yolcu	Evet, Samsun'a gidiyorum. Acaba otogar buraya yakın mı?
Taksi Şoförü	Hayır, buradan bir saat sürüyor. Otobüsünüz saat kaçta?
Yolcu	Saat 14:30'da.
Taksi Şoförü	Şimdi saat 13.00. Saat ikide otogardayız.

C.2. C.1.의 대화를 읽고, 알맞은 답을 고르시오.

1. Yolcu nereye gidiyor?

① Ankara'ya ② İstanbul'a
③ Samsun'a ④ Adana'ya

2. Yolcu taksi ile nereye gidiyor?

① Havaalanına ② Otogara
③ Tren istasyonuna ④ Metroya

3. Yolcunun otobüsü saat kaçta?

① 10:30'da ② 14:30'da
③ 15:00'te ④ 19:15'te

4. Şimdi saat kaç?

① 13:00 ② 14:30
③ 09:20 ④ 10:30

몇 시입니까?

☞ 시간 읽는 방법

▶ 시와 분을 숫자로 순서대로 말합니다.

10시 15분: On on beş.
9시 36분: Dokuz otuz altı.

▶ -시- 분 전 혹은 –시- 분을 지나고 있을 때 사용하는 표현

1) 30분이 지나지 않았을 때: 시 –(y)ı/ i /u/ ü + 분 +geçiyor

9시 20분: Dokuzu yirmi geçiyor.
7시 10분: Yediyi on geçiyor.

2) 30분이 지났을 때: 시- a(e) +분+ var

8시 40분: Dokuza yirmi var.

10시 50분: On bire on var.

3) 15분은 çeyrek, 30분은 buçuk으로 사용하기도 합니다.

8시 15분: Sekizi çeyrek geçiyor.

9시 30분: Dokuz buçuk.

C.3. 짝을 지어 보시오.

1. 8시 30분 •	• Saat dokuz.
2. 7시 50분 •	• Saat onu çeyrek geçiyor.
3. 9시 00분 •	• Saat sekiz buçuk.
4. 8시 45분 •	• Saat on iki.
5. 12시 00분 •	• Saat on biri on geçiyor.
6. 10시 15분 •	• Saat sekize on var.
7. 11시 10분 •	• Saat dokuza çeyrek var.

C.4. 시간 표현을 연습해 보시오.

1. Saat dokuzu on geçiyor. → 09:10
2. Saat on___ beş var. → ____
3. Saat bir___ çeyrek geçiyor. → ____
4. Saat iki___ çeyrek var. → ____
5. Saat üç___ yirmi var. → ____
6. Saat on bir___ yirmi geçiyor. → ____
7. Saat dört___ yirmi beş geçiyor. → ____
8. Saat dört___ beş var. → ____
9. Saat altı___ on geçiyor. → ____
10. Saat on___ on var. → ____

C.5. 다음 그림을 보고, 알맞은 시간 표현을 쓰시오.

①

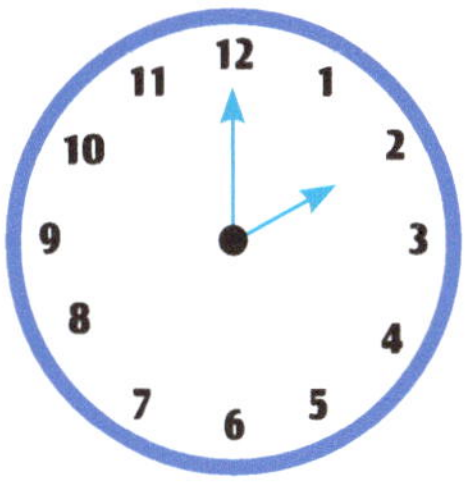

Saat :

②

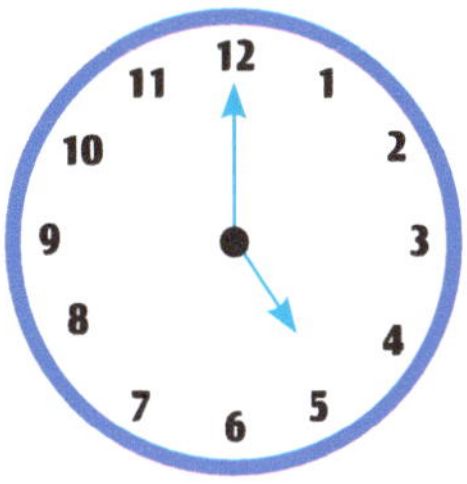

Saat :

③

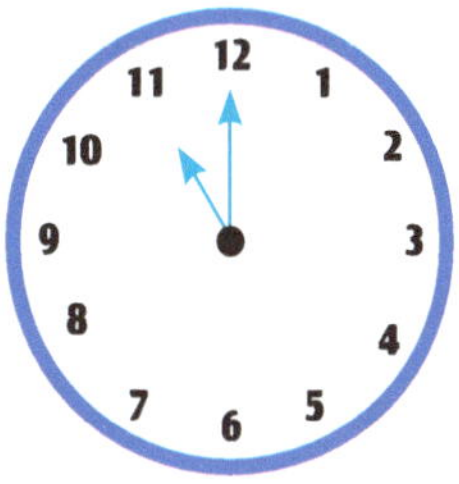

Saat :

④

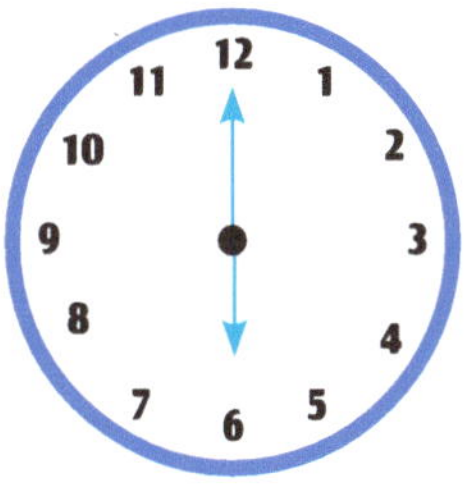

Saat :

⑤

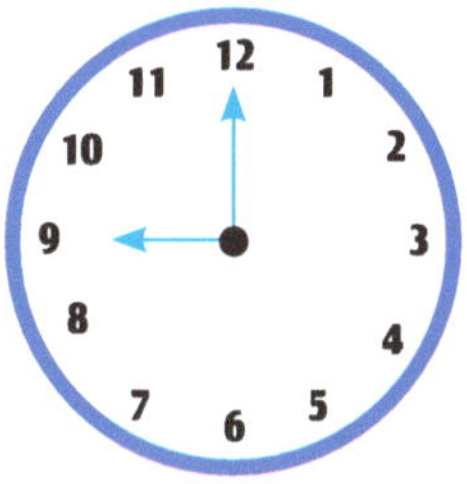

Saat :

⑥

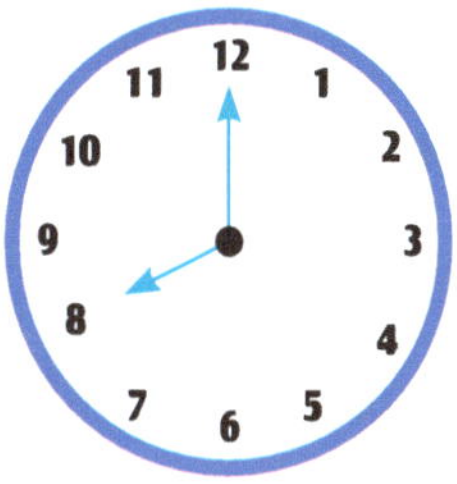

Saat :

⑦

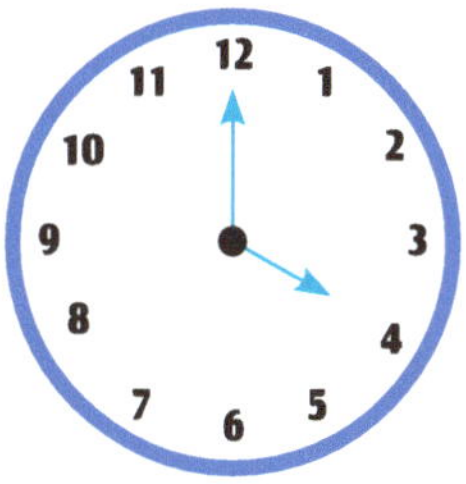

Saat :

⑧

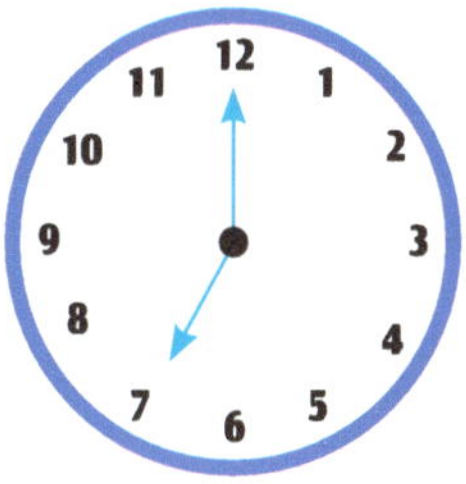

Saat :

⑨

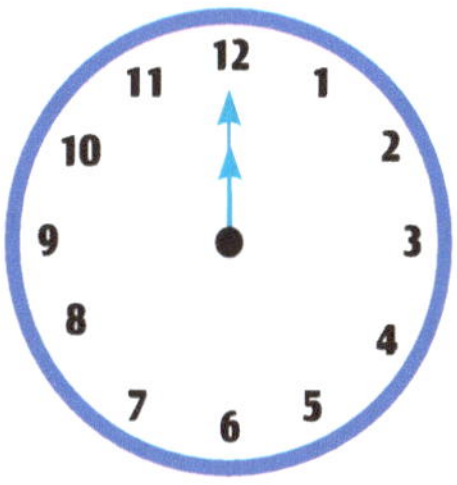

Saat :

C.6. 옳은 것에 O 표시를, 틀린 것에 X 표시를 하시오.

1. 7:15 Saat altıyı çeyrek geçiyor. ( )
2. 15:50 Saat dörde on var. ( )
3. 8:10 Saat sekizi yirmi geçiyor. ( )
4. 12:30 Saat on iki buçuk. ( )
5. 9:45 Saat ona çeyrek var. ( )
6. 14:50 Saat beşe yirmi var. ( )
7. 8:20 Saat sekize yirmi var. ( )
8. 19:10 Saat yediyi çeyrek geçiyor. ( )
9. Bir saat altmış dakikadır. ( )
10. Bir dakika altmış saniyedir. ( )

C.7. Okuyunuz. 읽어 보시오.

Saat kaçta?

08:00 Dersim saat sekizde.

08:05 Dersim saat sekizi beş geçe.

08:15 Dersim saat sekizi çeyrek geçe.

08:30 Dersim saat sekiz buçukta.

08:45 Dersim dokuza çeyrek kala.

08:55 Dersim dokuza beş kala.

C.8. Dinleyiniz, tamamlayınız. 듣고 완성하시오.

Minho Merhaba.

Görevli ① ______, hoş geldiniz.

Minho Hoş bulduk. İstanbul'a bilet var mı?

Görevli Var. ② ______ kaçta binmek istiyorsunuz?

Minho Hangi ③ ______ uçuş var?

Görevli 10:30, 12:30, 15:00, 16:10, 19:15, 20:45, 22:30'da var.

Minho Şimdi ④ ______ ⑤ ______?

Görevli Saat 09:20.

Minho O halde saat 12:30'a tek kişilik bilet istiyorum. Yolculuk ⑥ ______ ⑦ ______ sürüyor?

Görevli Yaklaşık bir buçuk saat sürüyor. Uçak saat ⑧ ______ İstanbul'a varıyor.

Minho Teşekkür ederim.

Görevli İyi yolculuklar!

C.9. C.8.의 대화를 읽고, 알맞은 답을 고르시오.

1. Minho nereye gidiyor?

① Ankara'ya ② İstanbul'a

③ İzmir'e ④ Adana'ya

2. Minho şimdi nerede?

① Havaalanında ② Otogarda

③ Tren istasyonunda ④ Metroda

3. Minho'nun uçağı saat kaçta?

① 10:30'da ② 12:30'da

③ 15:00'te ④ 19:15'te

4. Şimdi saat kaç?

① 16:10 ② 20:45

③ 09:20 ④ 10:30

5. Minho saat kaçta İstanbul'a varacak?

① 14:00'de ② 15:00'te

③ 20:45'te ④ 16:10'da

C.10. 읽고 알맞은 표현을 골라 문장을 완성하시오.

bit-	uyan-	evden çık-	başla-	otobüse bin-	yat-

Ben sabah saat yedide ① ______________, duş alıyorum, giyiniyorum, kahvaltı yapıyorum. Saat sekizde ② ______________, mesaim saat dokuzda ③ ______________, akşam beşte ④ ______________ Saat beşi yirmi geçe ⑤ ______________ ve eve dönüyorum. Akşam yemeği yiyorum, evde zaman geçiriyorum ve saat on ikide ⑥ ______________.

Kelimeler 단어

ağla- 울다
al- 얻다, 사다, 가지다
alışveriş yap- 쇼핑하다
anla- 이해하다
anlat- 설명하다
bekle- 기다리다
bil- 알다
bin- (교통수단에) 타다
bulaşık yıka- 설거지하다
duş al- 샤워하다
fotoğraf çek- 사진을 찍다
gir- 들어가다
giyin- (옷을) 입다
gülümse- 미소 짓다
havaalanı 공항
hazırla- 준비하다
hisset- 느끼다
hoşlan- 좋아하다, 호감을 느끼다
in- (교통수단에서) 내리다
kaç- 도망가다
kahvaltı yap- 아침 식사하다
kalk- 일어나다
kork- 무서워하다
kullan- 사용하다
metro 지하철
otogar 버스터미널
oyna- 놀다, 스포츠 경기를 하다
pişir- 요리하다
resim çiz- 그림을 그리다
sat- 팔다
sev- 좋아하다, 사랑하다
seyret- 보다, 시청하다
sür- (시간이) 걸리다
tat- 맛보다
topla- 모으다
tren istasyonu 기차역
uyan- (잠에서) 깨다, 일어나다
yardım et- 도와주다
yaşa- 살다
yat- 눕다
yaz- 쓰다
yıka- 씻다
yolcu 여행객
yolculuk 여행, 여정

MEMO

Ünite 4

Ailem

우리 가족

학습목표

명사가 또 다른 명사를 수식하는 명사수식법을 이용하여 가족 관계를 표현할 수 있다. 아울러 후치사와 접속사를 학습한다.

1. Ailende kaç kişi var?	너의 가족은 모두 몇 명이야?
2. Annen de çalışıyor mu?	너의 어머니께서도 일하시니?
3. Ali okula otobüs ile mi gidiyor	알리는 학교에 버스를 타고 가니?
4. Sen hafta sonu kimlerle buluşuyorsun?	너는 주말에 누구랑 만나니?

A. Aile Bireyleri 가족 구성원

A.1. Okuyunuz, cevaplayınız. 읽고 답하시오.

Merhaba! Benim ismim Ekin. Benim ailemde beş kişi var. Ben, annem, babam, ablam ve ağabeyim. Annemin adı Seher. Annem elli dört yaşında ve bankacı. Babamın adı Özgür. Babam elli beş yaşında ve elektrik mühendisi. Ablamın adı Aleyna. Ablam 31 yaşında ve diş hekimi. Ağabeyimin adı Sertaç. Ağabeyim 28 yaşında ve bilgisayar mühendisi. Ben ailemizin en küçüğüyüm, 21 yaşındayım ve İstanbul Üniversitesinde Matematik Öğretmenliği Bölümünde okuyorum. Ben ailemi çok seviyorum.

1. Ekin'in annesi kaç yaşında?

____

2. Ekin'in babası ne mühendisi?

____

3. Ekin'in kaç kardeşi var?

____

4. Ekin hangi üniversitede okuyor?

____

5. Ekin hangi bölümde okuyor?

____

Aile Bireyleri 가족 관계

가족 관련 단어들

baba
anne
kız
oğul
kardeş
kız kardeş, abla
erkek kardeş, ağabey, abi
büyükanne: babaanne, anneanne, nine
büyükbaba: dede

문법 Dilbilgisi

명사 수식법: 선행 명사 + 후행 명사

수식 　　 피수식

원래 명사를 수식하는 말은 형용사이지만, 터키어에서는 선행 명사가 후행 명사를 수식하기도 한다. 이러한 경우, 형용사 수식과 구별하기 위해 명사 수식이라는 용어를 사용한다. 명사수식에서 선행 명사에는 속격어미가, 그리고 후행 명사에는 III군 인칭어미인 곡용 인칭어미가 각각 첨가된다. 이때 선행 명사는 대개 3인칭이므로 후행 명사에는 III군 인칭어미 가운데 3인칭 어미를 대표로 표기하여 아래와 같이 한정 명사수식법의 표시로 삼는 것이 관행이다. 물론 속격어미가 첨가된 선행 명사가 만일 1인칭이면 후행 명사에는 III군 1인칭 어미가, 또 2인칭이면 III군 2인칭 어미가 첨가된다.

한정 명사수식: 선행 명사$^{+}$*(n)İn* + 후행 명사$^{+}$*(s)İ*$_{n}$

여기에서 한정 명사수식이란 수식 명사인 선행 명사가 한정의 의미를 갖고 있다는 뜻이다.

Murat'ın çantası	무라트의 가방
çocuğun kitabı	그 아이의 책
(benim) kitabım	내 책
(senin) kitabın	네 책
çocuğun doktoru	그 아이의 의사
elbisenin fiyatı	그 옷의 가격

A.2. 그림을 보고 알맞은 표현을 골라 문장을 완성하시오.

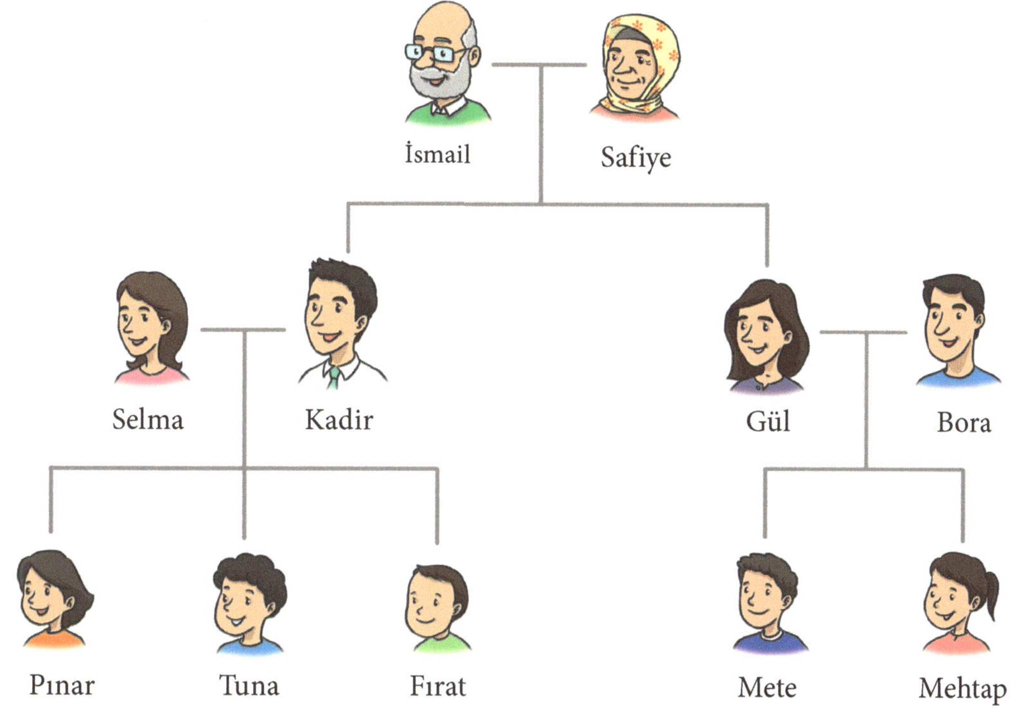

kardeş oğul kız baba anne büyükbaba büyükanne kuzen abla

1. Tuna, Pınar'*ın kardeşi*.
2. Selma, Tuna'__________.
3. Kadir, Fırat'__________.
4. Kadir, İsmail'__________.
5. Safiye, Mete'__________.
6. İsmail, Mehtap'__________.
7. Pınar, Mete'__________.
8. Mehtap, Gül'__________.
9. Pınar, Fırat'__________.

A.3. 다음 문장에 알맞은 그림을 고르시오.

①

②

③

④

⑤

⑥

1. Kadının saçları siyah. (①)
2. Adamın gözleri yeşil. ( )
3. Adamın gözleri kahverengi. ( )
4. Kadının saçları sarı. ( )
5. Adamın gözleri mavi. ( )
6. Kadının saçları kahverengi. ( )

A.4. 문장을 완성하시오.

1. Ali’______ boy______ uzun.

2. Aslı’______ saç______ kısa.

3. Esma’______ ev______ küçük.

4. Kitap______ kapak______ mavi.

5. Türkiye’______ başkent______ Ankara.

6. Televizyon______ ses______ kapalı.

7. Çocuk______ bisiklet______ kırmızı.

8. Telefonum______ marka______ Samsung.

9. Kardeşim______ okul______ evimize uzak.

10. Kore’______ ekonomi______ iyi.

A.5. Dinleyiniz, cevaplayınız. 듣고 따라 하시오.

Cengiz Bey Günaydın İnci!

İnci Günaydın hocam. Nasılsınız?

Cengiz Bey Teşekkür ederim. Ben iyiyim, ya sen?

İnci Ben de iyiyim hocam. Çok teşekkür ederim.

Cengiz Bey İnci, ailende kaç kişi var?

İnci Dört kişi var. Ben, annem, babam ve kız kardeşim.

Cengiz Bey Annen, baban çalışıyorlar mı?

İnci Evet. Annem ilkokul öğretmeni, babam da çocuk doktoru.

Cengiz Bey Annenin okulu nerede?

İnci Çankaya’da. Babamın iş yeri de Çankaya’da.

Cengiz Bey Kardeşin okula gidiyor mu?

İnci Evet, lisede okuyor. Kardeşimin okulu evimize yakın.

Cengiz Bey Çok iyi.

A.6. *A.5.*의 지문을 읽고, 옳은 것에 O 표시를, 틀린 것에 X 표시를 하시오.

1. İnci'nin annesi ilkokul öğretmeni. ( )
2. İnci'nin kardeşinin okulu Çankaya'da. ( )
3. İnci'nin babası çocuk doktoru. ( )
4. İnci'nin kardeşi lisede okuyor. ( )
5. İnci'nin babası çalışmıyor. ( )

문법 Dilbilgisi

비한정 명사 수식: 선행 명사⁺Ø + 후행 명사⁺*(s)İ*$_n$

한정 명사 수식과는 달리 한정의 의미가 없어서 종류를 나타내는 선행 명사가 후행 명사를 수식하는 경우가 있다. 이러한 경우 이를 비한정 명사 수식이라고 한다. 비한정 명사 수식의 경우에는 선행 명사에 속격어미를 첨가하지 않는다.

çocuk kitabı	아동용 책
çocuk doktoru	소아과 의사
elbise fiyatı	의류가격
kredi kartı	신용카드
spor salonu	헬스장

다만, 비한정 명사 수식이라고 해서 선행 명사가 모두 비한정의 뜻을 갖는 것은 아니다. 한정 명사 수식에서 선행 명사에 첨가되는 속격어미는 본래 소유주나 전체를 나타낸다. 따라서 선행 명사가 후행 명사의 소유주나 전체가 아닌 경우에는 선행 명사가 한정명사이든 아니든 비한정 명사 수식의 형태를 취한다.

A.7. 다음을 완성하시오.

kalem

① tahta kalem____

② resim kalem____

③ göz kalem____

④ dudak kalem____

top

⑤ futbol top____

⑥ basketbol top____

⑦ voleybol top____

⑧ tenis top____

üniversite

⑨ Ankara Üniversite____

⑩ Hankuk Üniversite____

⑪ İstanbul Üniversite____

⑫ Busan Üniversite____

öğretmen

⑬ Türkçe öğretmen____

⑭ İngilizce öğretmen____

⑮ Matematik öğretmen____

⑯ Tarih öğretmen____ .

A.8. 명사수식법을 사용하여 문장을 완성하시오.

1. çamaşır makine____
2. yemek masa____
3. Atatürk Cadde____
4. domates çorba____
5. çocuk park____
6. çalışma masa____
7. metro istasyon____
8. öğrenci bilet____
9. yatak oda____
10. göz doktor____
11. çay bardak____
12. yemek kaşık____
13. su bardak____
14. kol saat____
15. trafik polis____

문법 Dilbilgisi

연쇄 명사 수식

한정 명사수식이나 비한정 명사수식이 또 다른 명사의 수식어가 되거나 아니면 피수식어가 될 수 있다. 이러한 경우를 연쇄 명사 수식이라고 한다. 마찬가지로 수식어로 쓰인 선행 명사구에는 속격어미를 첨가하고 후행 명사에는 곡용 인칭어미를 첨가한다. 다만, 곡용 인칭어미 뒤에는 속격어미가 추가로 첨가될 수 있지만, 곡용 인칭어미 뒤에 곡용 인칭어미가 추가로 첨가되지는 않는다. 왜냐하면 명사 관련 문법에서 격어미는 맨 뒤에 나타나는, 그리고 동일한 문법이 층위를 달리해서 잇달아 나타나지 않는 분포 제약이 있기 때문이다.

çocuğun yatağı
yatak odası

→ çocuğun yatak odası → çocuğun yatak odasısı(×)

→ çocuğun yatak odasının penceresi

→ çocuğun yatak odasının penceresinin camı

A.9. 명사수식법을 사용하여 문장을 완성하시오.

1. Ali'____ araba____ renk____ kırmızı.
2. Babam____ arkadaş____ ad____ Kemal.
3. Ankara Üniversite____ rektör____ Ali Bey.
4. Aslı'____ sırt çanta____ fiyat____ 80 TL.
5. Sizin ofis____ perde____ kumaş____ çok kaliteli.
6. Ali'____ baba____ arkadaş____ bizim müdürümüz.

B. Dedemi Ziyaret 할아버지 댁 방문 

B.1. Okuyunuz. 읽어 보시오.

Benim adım Leyla. İstanbul Üniversitesinde öğrenciyim. İki gün sonra okul bitiyor. Ben tatil için Antalya'ya gidiyorum çünkü benim ailem Antalya'da yaşıyor. Antalya, Akdeniz Bölgesi'nde çok güzel bir şehir. Antalya'da birçok portakal ağacı var. Antalya'nın denizi de çok güzel. Büyükbabam ve büyükannem ise İzmir'de yaşıyor. İzmir, Ege Bölgesi'nde. İzmir Antalya'ya yakın değil ve ben dedemi ve büyükannemi her zaman çok özlüyorum. Tatilde onları da ziyaret etmek istiyorum.

B.2. *B.1.*의 지문을 읽고, 옳은 것에 O 표시를, 틀린 것에 X 표시를 하시오.

1. Akdeniz Bölgesi'nde birçok portakal ağacı var. ( )
2. Leyla'nın dedesinin evi Antalya'da. ( )
3. Leyla dedesini ve büyükannesini çok özlüyor. ( )
4. Leyla bugün Antalya'ya dönüyor. ( )
5. Leyla'nın ailesi Antalya'da oturuyor. ( )

B.3. 그림을 보고 다음 질문에 답하시오.

1. Antalya hangi bölgede?

2. İzmir hangi bölgede?

3. İstanbul hangi bölgede?

4. Ankara hangi bölgede?

5. Ağrı hangi bölgede?

6. Şanlıurfa hangi bölgede?

7. Trabzon hangi bölgede?

문법 Dilbilgisi

✓ 대격(목적격) 어미 $^{+}$(y)İ / $^{+}$Ø

움직임이나 작용의 대상이 되는 명사, 즉 타동사의 목적어에 첨가된다.

1) İ형 어미이므로 어기의 마지막 음절 모음이

a, ı 가운데 하나이면 어미의 모음은 ı

e, i 가운데 하나이면 i

o, u 가운데 하나이면 u

ö, ü 가운데 하나이면 ü가 된다.

2) 모음으로 시작하는 어미이므로 모음으로 끝나는 말에 첨가되면 모음충돌이 일어나므로 이를 회피하기 위한 수단으로 두 모음 사이에 매개자음 y를 넣는다.

격어미 가운데 여격어미, 처격어미, 탈격어미는 필요시 반드시 첨가되어야 하지만, 속격어미가 명사수식법에서 쓰일 때 그리고 대격어미는 생략될 수 있음에 주의해야 한다. 명사수식법에서 속격어미가 생략되면 비한정 명사 수식이 되듯이 대격어미가 첨가된 목적어는 대체로 한정 목적어, 생략된 목적어는 비한정 목적어가 된다.

Bu gece (bir) film seyrediyorum. (비한정 목적어)
청자는 화자가 어떤 영화를 볼 것인지 모름.

Bu gece filmi seyrediyorum. (한정 목적어)
청자는 화자가 어떤 영화를 볼 것인지 알고 있음.

그런데, 주어 자리인 문장의 맨 앞에 위치한 (대)명사가 목적어일 때는 대격어미를 반드시 첨가해야 한다. 왜냐하면 터키어에서는 주격어미도 제로 +Ø이기 때문에 이로 인한 혼란을 막기 위한 것이다.

Marketten bir gazete alıyorum. (비한정 목적어)
Marketten gazeteyi alıyorum. (한정 목적어)
Gazeteyi marketten alıyorum. (형태는 한정 목적어이지만, 비한정 목적어일 수도 있음)

한편, 형용사나 지시사에 의해 수식을 받는 목적어는 대격어미를 첨가해야 한다.

12 numaralı otobüsü bekliyorum.
Sevinç müziği sevmiyor.
Bunu anlamıyorsunuz.
O adamı tanımıyorsun.

단, 형용사에 의해 수식을 받는 목적어라도 형용사와 명사 사이에 수사 bir가 있는 경우에는 대격어미를 첨가하지 않는다. 왜냐하면 이때의 bir는 숫자를 나타내는 것이 아니라 비한정을 나타내기 때문이다.

Güzel kitabı istiyorum.
Güzel bir kitap istiyorum.

B.4. 대격 어미를 사용하여 문장을 완성하시오.

1. Sen ben ____ seviyor musun?
2. Ben o adam ____ tanımıyorum.
3. Ali odasında ödevleri ____ yapıyor.
4. Evde siz ____ bekliyorum.
5. Ben Ali' ____ çok özlüyorum.
6. Ben her gün okulda Ahmet' ____ görüyorum.
7. İstanbul' ____ çok merak ediyorum.
8. Hangi film ____ izlemek istiyorsun?
9. Biz her akşam annemiz ____ arıyoruz.
10. Bu konu ____ anlamıyorum.

B.5. 격어미를 사용하여 문장을 완성하시오.

1. Ben ev_____ ders çalışıyorum.

2. Saat beşte ev_____ çıkıyoruz.

3. Ben sen_____ çok seviyorum.

4. Ali şimdi okul_____ gidiyor.

5. Mehmet Bey işten ev_____ saat beşte dönüyor.

6. Mustafa Aygül'_____ çok hoşlanıyor.

7. Annem mutfak_____ yemek pişiriyor.

8. Ben siz_____ hiç anlamıyorum.

9. Annem biz_____ çok iyi davranıyor.

10. Babam biz_____ evde bekliyor.

B.6. Dinleyiniz, tamamlayınız. 듣고 완성하시오.

Murat Bey Merhaba Ali, nasılsın?

Ali İyiyim, teşekkür ederim. Siz nasılsınız?

Murat Bey Ben de iyiyim. Ali, senin baban çalışıyor mu?

Ali Evet, çalışıyor. Babam Atatürk Lisesinin ① _____________.

Murat Bey Baban ② _____________ seviyor mu?

Ali Evet, babam işini ve ③ _____________ çok seviyor.

Murat Bey Annen de çalışıyor mu?

Ali Hayır, ④ _____________. O ev hanımı.

Murat Bey O zaman siz üç kişi yaşıyorsunuz.

Ali Hayır. ⑤ _____________ ve babaannem de bizimle yaşıyor.

문법 Dilbilgisi

접속사 또는 후치사 ile

Anne ile baba 어머니와 아버지
Öğretmen ile öğrenci 선생님과 학생
Ali ile Ayşe ☞ Ali'yle Ayşe 알리와 아이셰

ile가 명사와 명사 사이에 있을 때는 접속사이므로 이러한 경우 접속사 ve로 대체할 수 있다.

Anne ve baba 어머니 그리고 아버지

그러나 명사와 명사 사이가 아니라 단독 명사 뒤에 있을 때는 수단이나 방법을 나타내는 후치사이므로 ve로 대체할 수 없음에 주의해야 한다.

Otobüsle 버스를 타고
Metroyla 지하철을 타고

한편, ile가 대명사와 함께 쓰일 때는 3인칭 복수형 onlar를 제외한 모든 인칭대명사와 의문대명사 kim은 속격을 취한다는 점에 주의해야 한다.
한편 ile는 선행 어기와 연철, 분철이 모두 가능한데, 연철하여 사용될 때 자음 뒤에서는 어두 모음 i가 삭제되지만, 모음 뒤에서는 y로 바뀌고 어말 모음은 모음조화한다는 점에 주의해야 한다.

taksi ile ⇒ taksiyle, araba ile ⇒arabayla
otobüs ile ⇒ otobüsle, kitap ile ⇒ kitapla

	ile /-(y)lA
Ben	Benimle
Sen	Seninle
O	Onunla
Biz	Bizimle
Siz	Sizinle
Onlar	Onlarla
Kim?	Kiminle?

B.7. 보기와 같이 써 보시오.

1. Annem ile → *annemle*
2. Babam → ______
3. Kutsi ile → ______
4. Fatma ile → ______
5. Kaşık ile → ______
6. Çatal ile → ______

B.8. ile를 사용하여 문장을 완성하시오.

1. Ali okula otobüs ______ gidiyor.
2. Fatma işe metro ______ gidiyor.
3. Ben parka bisiklet ______ gidiyorum.
4. Babam Almanya'dan uçak ______ geliyor.
5. Biz pikniğe araba ______ gidiyoruz.

B.9. ile를 사용하여 문장을 완성하시오.

1. Ali ___ Ayşe evleniyor.
2. Ben de o ___ gidiyorum.
3. Mehmet Bey ___ Merve Hanım konuşuyorlar.
4. Ben, Hale Hanım ___ görüşmek istiyorum.
5. Ben, yarın Sude ___ buluşuyorum.
6. Burak, yarın Gül ___ nişanlanıyor.
7. Biz, Tarkan ___ sohbet etmek istiyoruz.
8. Ben, senin annen ___ tanışmak istiyorum.
9. Ali, şu anda Aslı ___ yemek yiyor.
10. Ben, sizin ___ sinemaya gelmiyorum.

B.10. 질문에 답해 보시오.

1. Sen hafta sonu kimlerle buluşuyorsun?
2. Kiminle tanışmak istiyorsun?
3. Nasıl biriyle evlenmek istiyorsun?

C. Aile Fotoğrafı 가족 사진

C.1. Dinleyiniz, tamamlayınız. 듣고 완성하시오.

Mine Selçuk, fotoğraftaki şu yaşlı adam kim?

Selçuk O benim ① ________________, ortadaki benim, yanımdaki de babam.

Mine ② ________________ sağ mı?

Selçuk Hayır. Ama ③ ________________ hayatta, bizimle yaşıyor.

Mine Selçuk, senin kaç kardeşin var?

Selçuk İki kardeşim var. Bir ④ ________________, bir ağabeyim var. Ailemin en küçüğü benim. Senin kaç kardeşin var?

Mine Bir erkek kardeşim, iki kız ⑤ ________________, ikiz ablalarım var.

C.2. *C.1.*의 지문을 읽고, 옳은 것에 O 표시를, 틀린 것에 X 표시를 하시오.

1. Selçuk ile Mine fotoğrafa bakıyor. ( )
2. Fotoğraftaki genç adam Selçuk'un dedesi. ( )
3. Selçuk'un dedesi hayatta. ( )
4. Selçuk'un büyükannesi sağ. ( )
5. Mine'nin dört kardeşi var. ( )

C.3. 그림에 알맞은 표현을 골라 쓰시오.

sağ sol arka ön ara yan

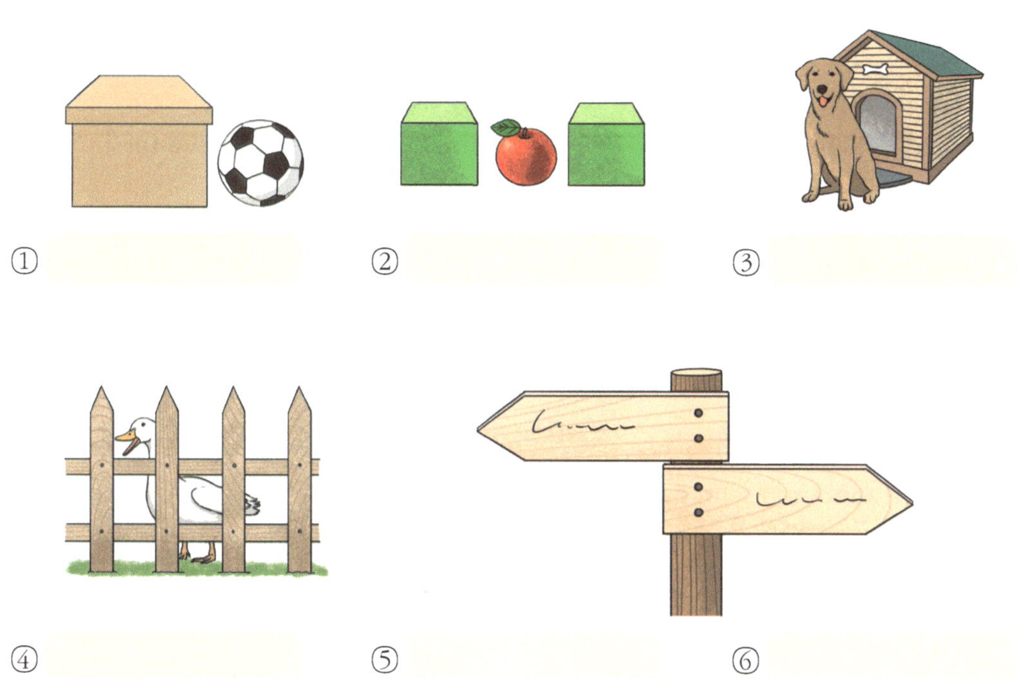

① ② ③

④ ⑤ ⑥

C.4. 그림을 보고, 알맞은 표현을 골라 문장을 완성하시오.

Leman

erkek kardeşi	ablası	büyükannesi	babası	annesi

1. Leman'ın sağında ______________ var.
2. Leman'ın solunda ______________ var.
3. Leman'ın arkasında ______________ var.
4. Leman'ın babasının sağında ______________ var.
5. Leman'ın annesinin solunda ______________ var.

C.5. Dinleyiniz, tamamlayınız. 듣고 완성하시오.

Hatice	Merhaba Jinsu, nasılsın?
Jinsu	Merhaba Hatice! İyiyim, sağ ol. Sen de iyi misin?
Hatice	Evet. Teşekkür ederim. Jinsu, sen ① _______________ ?
Jinsu	Güney Koreliyim.
Hatice	Güney Kore'nin ② _______________ ?
Jinsu	Başkenti, ③ _______________ .
Hatice	Seul Kore'nin neresinde?
Jinsu	Kuzeyinde.
Hatice	Seul'de deniz var mı?
Jinsu	Hayır, deniz yok ama büyük bir nehir var.
Hatice	Nehir nerede?
Jinsu	Nehir, Seul'ün ④ _______________ geçiyor.

C.6. 그림을 보고, 빈칸에 알맞은 표현을 골라 쓰시오.

kuzey	güney	doğu	batı	güneydoğu	kuzeydoğu	güneybatı	kuzeybatı

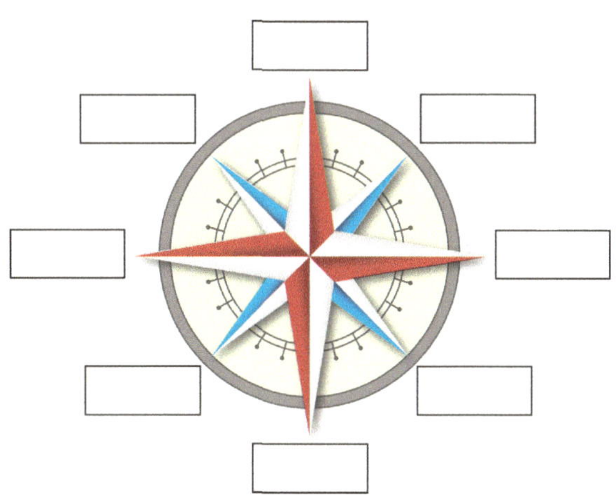

C.7. Okuyunuz. 읽어 보시오.

Esra	Merhaba Dongho. Ne haber?
Dongho	İyilik Esra, senden ne haber?
Esra	Benden de iyilik.
Dongho	Esra, sen ailenle mi yaşıyorsun?
Esra	Evet, ailemle yaşıyorum. Dedem, babam, annem, ağabeyim ve ben aynı evde yaşıyoruz. Sen de mi ailenle yaşıyorsun?
Dongho	Evet. Annem, ablam, eniştem ve ben beraber yaşıyoruz. Ağabeyin senden kaç yaş büyük?
Esra	Benden üç yaş büyük. Ben on dokuz yaşındayım, o yirmi iki yaşında.

C.8. C.7.의 지문을 읽고, 옳은 것에 O 표시를, 틀린 것에 X 표시를 하시오.

1. Esra ailesinden ayrı yaşıyor. ( )
2. Esra'nın babası ve annesi hayatta. ( )
3. Esra 22 yaşında. ( )
4. Esra'nın küçük kardeşi var. ( )
5. Dongho da ailesiyle yaşıyor. ( )

C.9. 가족에 대해 써 보시오.

Kelimler 단어

~da ~도
abi 형, 오빠
abla 언니, 누나
ağabey 형, 오빠
al- 사다, 얻다
anla- 이해하다
anlat- 설명하다
anne 어머니
anneanne 외할머니
aynı 같은
ayrı 따로
baba 아버지
babaanne 친할머니
bak- 보다
bin- 타다
büyük 큰
büyükanne 할머니
büyükbaba 할아버지
çalış- 일하다, 공부하다
çıkmak 나가다
dede 할아버지
demek 말하다
yaz- 쓰다
yemek 음식

erkek kardeş 남자 형제
et- ~하다
ev hanımı 주부
evlen- 결혼하다
fotoğraf 사진
gel- 오다
geniş 넓은
gir- 들어가다
git- 가다
güzel 예쁜, 좋은
haber 소식, 뉴스
hafif 가벼운
hayat 삶, 인생
iç- 마시다
ikiz 쌍둥이
ilkokul 초등학교
in- 내리다
kaç 몇
kalk- 일어나다
kaşık 숟가락
kısa 짧은
kişi 사람
yumuşak 부드러운
zengin 부유한, 부자

kız kardeş 여자 형제
kız 소녀
konuş- 말하다
küçük 작은, 어린
lise 고등학교
metro 지하철
nine 할머니
oğul 아들
oku- 읽다,
~에서 공부하다(수학하다)
otobüs 버스
otur- 앉다
para 돈
sandalye 의자
sat- 팔다
söyle- 말하다
tane 개수
tat- 맛보다
uyu- 자다
uzun 긴
yaşa- 살다
yaşlı 나이 든
yüksek 높은
ye- 먹다

MEMO

Ünite 5

Evim
우리 집

학습목표

명사를 형용사로 만드는 파생 접사를 익히고 명령법과 기원법 문장을 통하여 상대방에게 자기 생각이나 요구를 표현할 수 있다.

1. Sizin eviniz kaç odalı?	선생님 댁에는 방이 몇 개 있어요?
2. Kimin evi bahçeli?	누구의 집에 정원이 있나요?
3. Şu mavi gözlü kızı tanıyor musun?	파란색 눈의 저 소녀를 너는 아니?
4. Neli kek alayım?	어떤 케이크를 사 갈까?

A. Eviniz hangi semtte? 댁은 어디에 있어요?

A.1. Dinleyiniz, cevaplayınız. 듣고 질문에 답하시오.

Aysun　Bülent Bey, eviniz hangi semtte?

Bülen　Çankaya'da.

Aysun　Kaç odalı?

Bülen　Üç odalı. Peki, Aysun Hanım, sizin eviniz kaç odalı?

Aysun　Bizim evimiz yedi odalı.

Bülen　Müstakil mi?

Aysun　Evet, hem de iki katlı.

Bülen　Bahçesi var mı?

Aysun　Evet, var. Bahçede köpeğimizin kulübesi de var.

Bülen　Bizim öyle bir şansımız yok. Çünkü biz apartmanda oturuyoruz.

1. Bülent Bey'in evi hangi semtte?

2. Aysun'un evi kaç katlı ve kaç odalı?

3. Kim apartmanda oturuyor?

4. Bülent Bey'in evi kaç odalı?

5. Kimin evi bahçeli?

A.2. 그림에 알맞은 표현을 골라 쓰시오.

apartman site villa müstakil ev

①

②

③

④

A.3. 그림에 알맞은 표현을 골라 쓰시오.

yatak odası   oturma odası (salon)   banyo   mutfak   bahçe   çatı katı

A.4. 그림에 알맞은 표현을 골라 쓰시오.

küvet koltuk kanepe gardırop yemek masası çamaşır makinesi ayna
elektrik süpürgesi sandalye buzdolabı fırın televizyon

A.5. 집에 대해 설명해 봅시다.

Evinizi anlatınız.

문법 Dilbilgisi

형용사화 접사 +*lİ*, +*sİz*

+*lİ*는 명사에 첨가되어 '그 명사가 있는' 뜻의 형용사를 또는 그 명사의 성격, 모양, 특성을 나타내는 형용사를 만드는 접사이고 +*sİz*는 '~가 없는' 뜻의 형용사를 만드는 접사인데 그 쓰임은 제한적이다.

tuzlu ↔ tuzsuz
sütlü ↔ sütsüz
sade (kahve)
şekerli ↔ şekersiz
yağlı ↔ yağsız
etli ↔ etsiz
çikolatalı
tatlı
baharatlı
limonlu
çilekli

Hava durumu ifadeleri 날씨표현

1) yağmurlu ↔ yağmurlu değil
2) karlı ↔ karlı değil
3) bulutlu ↔ bulutlu değil

A.6. 그림에 알맞은 표현을 골라 쓰시오.

karlı yağmurlu güneşli rüzgârlı

① ______ ② ______ ③ ______ ④ ______

A.7. 문장을 완성하시오.

1. Bizim evimiz üç kat ______ beş oda ______ ve bahçe ______.
2. Bugün hava yağmur ______, bu yüzden biz evde film izliyoruz.
3. Ben çilek ______ pastayı çok seviyorum.
4. Ali havuz ______ bir villada yaşıyor.
5. Babam baharat ______ yemekler yemiyor çünkü midesi rahatsız.
6. Bugün hava -2 derece ve kar ______.
7. Şu mavi göz ______ kızı tanıyor musun?
8. Onların evi, müstakil ve iki kat ______.
9. Ali süt ______ kahveyi çok seviyor.
10. Türk yemekleri biraz yağ ______.

11. Ben Kore __________.

12. Bugün hava bulut ______.

13. Şu gözlük ______ ve uzun boy ______ kadın Ali'nin annesi.

14. Biz kahvaltıda bal ______ süt içiyoruz.

15. Tuz ______ yemekler sağlık için iyi değil.

A.8. 그림을 보고, 문장을 완성하시오.

Meral　　　Tuğba　　　Beril

Meral kısa ve sarı ① __________ ve kısa ② __________, Tuğba topuz ③ __________ ve uzun ④ __________. Beril siyah ve uzun ⑤ __________.

B. Bahçeli Ev 정원이 있는 집

B.1. Dinleyiniz, tamamlayınız. 듣고 완성하시오.

Ayşe	Günaydın Murat!
Murat	Günaydın Ayşe. Bu ① ____________ ev sizin mi?
Ayşe	Evet, bizim.
Murat	Ben şimdi ② ____________ oturuyorum ama ben de bahçeli evde oturmak istiyorum.
Ayşe	Bahçeli evde yaşamak güzel. ③ ____________ ve çiçekleri çok seviyorum.
Murat	Ben de çok seviyorum. Ne güzel, kediler de etrafta dolaşıyor.
Ayşe	Evimiz küçük ama çok rahat.
Murat	Toplam kaç yatak ④ ____________ var?
Ayşe	Üç yatak ⑤ ____________ var.
Murat	Bir ⑥ ____________ için uygun. Güle güle oturun.

B.2. *B.1.*의 대화를 읽고, 옳은 것에 O 표시를, 틀린 것에 X 표시를 하시오.

1. Ayşe'nin evi bahçeli. ( )
2. Murat kedilerden nefret ediyor. ( )
3. Ayşe'nin evinde üç yatak odası var. ( )
4. Murat apartmanda yaşıyor. ( )

B.3. Okuyalım. 읽어 보시오.

Ahmet　Nilüferciğim, misafirlerimiz nerede?

Nilüfer　Balkonda çay içiyorlar, sohbet ediyorlar.

Ahmet　Çocuklar nerede, ne yapıyorlar?

Nilüfer　Ayşe odasında ders çalışıyor, Arda da bahçede oynuyor.

Ahmet　Peki. Misafir odası hazır mı?

Nilüfer　Evet, hazır. Sen merak etme. Ahmetciğim, Arda'ya söyle, pastaneden kek alsın, gelsin. Misafirlerimize ikram edelim.

Ahmet　Tamam canım. Başka bir şey lazım mı?

Nilüfer　Hayır, değil.

Ahmet　Arda!

Arda　Efendim babacığım.

Ahmet　Oğlum, şu köşedeki pastaneden bir kek al, gel. Ama çabuk ol, tamam mı?

Arda　Tabii babacığım. Neli kek alayım?

Ahmet　Çikolatalı al. Şu parayı da al, hadi çabuk git gel oğlum!

Arda　Peki, babacığım.

B.4. *B.3.*의 대화를 읽고, 옳은 것에 O 표시를, 틀린 것에 X 표시를 하시오.

1. Misafirler Nilüfer'in evinde. ( )
2. Misafir odası hazır. ( )
3. Çocuklar yatak odasında uyuyorlar. ( )
4. Misafirler oturma odasında sohbet ediyorlar. ( )
5. Nilüfer, misafirler için telefonla kek sipariş ediyor. ( )

문법 Dilbilgisi

명령법 어미 ⁻*sİn*

명령문을 만들 때는 동사어간에 명령법 어미 ⁻*sİn*을 첨가하는 데, 어말어미인 활용 인칭어미는 명령법 어미의 음절구조가 -CV이므로 II군 인칭어미가 선택된다. 명령은 화자가 상대방인 청자한테 무엇을 하게 하는 것이므로 1인칭 명령문은 없고 2인칭 명령문만 있는 것으로 생각하기 쉬우나 터키어에는 3인칭 명령문도 있다. 3인칭 명령문은 화자가 상대방인 청자를 시켜서 제3자가 무엇을 하도록 하게 하는 경우에 사용된다.

긍정	동사어간-⁻*sİn* + II군 인칭어미
부정	동사어간-⁻*mA*⁻*sİn* + II군 인칭어미

그런데, 명령법어미 ⁻*sİn*은 공교롭게도 II군 2인칭어미 ⁻*sİn*과 그 형태가 동일하다. 따라서 2인칭 비복수형에서는 명령법어미나 인칭어미가 모두 생략된다. 명령법에는 2인칭형과 3인칭형만 있는데, 3인칭에서는 이미 고정된 형태가 있어서 2인칭형은 아무리 그 형태가 바뀌어도 2인칭으로 인식될 수 있기 때문이다. 2인칭 복수형은 모든 활용형에서와 마찬가지로 인칭복수어미 ⁻*(y)İz*를 첨가하여 만들 수 있는데, 이 인칭복수어미는 앞에서 설명했듯이 1인칭이나 2인칭 어미에만 첨가되는 분포 제약이 있다. 따라서 생략된 인칭어미를 복원하여야 하는 데, II군 2인칭어미는 명령법 어미와 형태적으로 동일하기 때문에 사용할 수가 없어서 하는 수 없이 변형된 I군 2인칭어미를 사용한다. 원래 I군 2인칭어미는 모음충돌을 회피하는 수단으로 어기의 모음을 탈락시키는 어미인데, 아래 부정형에서 볼 수 있듯이 모음으로 끝나는 어기와 인칭어미 사이에 매개자음 y를 넣어서 I군 2인칭어미와

도 구분을 둔다. 이렇게 도출된 명령법 2인칭 복수가 아래 표의 1)형이다. 그런데 2인칭 복수로는 2)형도 함께 쓰인다. 이것은 2인칭 비복수형에 변형된 I군 인칭어미를 첨가한 형태로서 인칭 복수어미를 첨가하지 않아도 비복수형과 구분이 되기 때문에 사용되는 형식이다.

주어	긍정	부정
1인칭 비복수	-	-
2인칭 비복수	(Sen) Çalış! ← *çalışsınsın	(Sen) Çalışma! ← *çalışmasınsın
3인칭 비복수	O çalışsın!	O çalışmasın!
1인칭 복수	-	-
2인칭 복수	1) (Siz) Çalışınız! ← *Çalışsınsınız 2) (Siz) Çalışın!	1) (Siz) Çalışmayınız! ← *Çalışmasınsınız 2) (Siz) Çalışmayın!
3인칭 복수	Onlar çalışsınlar!	Onlar çalışmasınlar!

B.5. 빈칸에 인칭에 따른 명령법의 활용형을 써서 표를 완성하시오.

	Sen 긍정	Sen 부정	Siz 긍정	Siz 부정
çalış-				
konuş-				
dön-				
ağla-				

명령법은 3인칭에서만 의문문이 가능하다.

O	O	O	O
kalksın. gelsin. otursun. yüzsün.	kalkmasın. gelmesin. oturmasın. yüzmesin.	kalksın mı? gelsin mi? otursun mu? yüzsün mü?	kalkmasın mı? gelmesin mi? oturmasın mı? yüzmesin mi?

Onlar	Onlar	Onlar	Onlar
kalksın(lar). gelsin(ler). otursun(lar). yüzsün(ler).	kalkmasın(lar). gelmesin(ler). oturmasın(lar). yüzmesin(ler).	kalksın(lar) mı? gelsin(ler) mi? otursun mu /lar mı? yüzsün mü /ler mi?	kalkmasın(lar) mı? gelmesin(ler) mi? oturmasın mı /lar mı? yüzmesin mi /ler mi?

B.6. 빈칸에 인칭에 따른 명령법의 활용형을 써서 표를 완성하시오.

	O 긍정	O 부정	O 긍정 의문	O 부정 의문
uyan-				
şarkı söyle-				
koş-				
yürü-				

B.7. 빈칸에 인칭에 따른 명령법의 활용형을 써서 표를 완성하시오.

	Onlar 긍정	Onlar 부정	Onlar 긍정 의문	Onlar 부정 의문
ödev yap-				
yemek ye-				
uyu-				
oku-				

B.8. 써 보시오.

문제	해결책
A : Çok yorgunum.	B : O zaman dinlen.
A : Annem çok hasta.	B : Doktora gitsin.
A : Hava çok soğuk.	B :
A : Param yok.	B :
A : Arkadaşım depresyonda.	B :
A : Kardeşimin dersleri çok kötü.	B :
A : Yarın sınavım var.	B :
A : Annemin patronu çok sert ve kötü biri.	B :
A : Ev kiramız çok yüksek.	B :
A : Çok işimiz var.	B :

B.9. 빈칸에 주어진 동사의 명령법 활용형을 써서 대화를 완성하시오.

1.

endişelen-	kahvaltı yap-	iç-	unut-	dikkatli ol-	uyu-
ye-	uyan-	kork-	aç-	bırak-	

Ece　Yeni evinde çok ① ________________.
Pencereleri açık ② ________________.

Nurdan　③ ________________. Ben 27 yaşındayım anne.

Ece　Telefonlarımı ④ ________________. Her gün yemeğini düzenli ⑤ ________________, bol bol su ⑥ ________________.

Nurdan　Peki.

Ece　Faturalarını ⑦ ________________. Gece geç ⑧ ________________, sabah erken ⑨ ________________. Her sabah ⑩ ________________.

Nurdan　Anne, tamam, yeter! ⑪ ________________.

2.

dinle-　ol-　motive ol-　dile-

Öğretmen　Sessiz ① ________________, beni ② ________________.

Öğrenciler　Aaa, özür dileriz!

Öğretmen　Özür ③ ________________, her zaman aynı şeyi yapıyorsunuz.
Derse ④ ________________.

Öğrenciler　Peki.

3.

tırman-	koş-	sus-	dikkat et-
iç-	merak et-	kavga et-	al-

Anne Çocuklara ① ____________. Ağaçlara ② ____________, soğuk su ③ ____________.

Baba Tamam, ④ ____________.

Anne Sakın çocuklara çikolata ⑤ ____________.

Baba Peki.

Anne Arkadaşlarıyla ⑥ ____________, çok ⑦ ____________.

Baba Olur. Ama lütfen ⑧ ____________ artık.

Anne Peki.

B.10. Dinleyiniz, tamamlayınız. 듣고 완성하시오.

Fatma Hanım Haydi ① ____________ artık.

Filiz Çok uykum var anne. Saat kaç?

Fatma Hanım Saat ② ____________. Bugün dersin saat kaçta başlıyor?

Filiz Dokuzda başlıyor.

Fatma Hanım O zaman hemen ③ ____________, ben kahvaltıyı hazırlayayım.

Filiz Tamam anneciğim. Anne, babama söyle, bugün beni okula arabayla bıraksın.

Fatma Hanım Tamam, olur. Ama sen önce banyoya ④ ____________, elini yüzünü yıka, dişlerini fırçala ve mutfağa ⑤ ____________.

Filiz Peki.

Fatma Hanım Haydi çabuk ⑥ ____________ biraz.

C. Balkonda Kahvaltı 발코니에서 아침 식사

C.1. Okuyunuz, cevaplayınız. 읽고 질문에 답하시오.

Erhan Sumin, kahvaltı yapalım mı?

Sumin Yapalım, ama kahvaltımızı bugün balkonda yapalım. Olur mu?

Erhan Güzel fikir. Çaylarımız da hazır.

Sumin Mis gibi! Eline sağlık, Erhan!

Erhan Peynir, zeytin, domates, biber ve ekmeğimiz de var.

Sumin Harika! Sana yardım edeyim mi?

Erhan Lütfen! Balkondaki masaya çatal, bıçak, kaşık ve tabak koyalım.

Sumin Olur.

1. Onlar nerede kahvaltı yapmak istiyor?

2. Kahvaltı için evde neler var?

3. Sumin, Erhan'a yardım etmek istiyor mu?

C.2. 그림에 알맞은 표현을 골라 쓰시오.

zeytin yumurta biber peynir bal çay salatalık domates sucuk omlet

C.3. Dinleyiniz, tamamlayınız. 듣고 완성하시오.

Ahmet İşe geç kalıyorum. Hemen çıkmalıyım. Dışarıda hava nasıl, biliyor musun?

Nilüfer Evet. Bugün hava yağmurlu.

Ahmet Aaa, o halde ① ________________ alayım.

Nilüfer Yağmurluğunu da ② ________________.

Ahmet Hafta sonu hava nasıl olacak acaba?

Nilüfer Hava durumu raporlarına göre hafta sonu hava ③ ____________ olacak.

Ahmet O zaman hafta sonu pikniğe gidelim mi?

Nilüfer Tamam, ④ ________________.

문법 Dilbilgisi

✓ 기원법 어미 -(y)A

기원법은 서상법의 하나로 화자가 움직임이나 작용이 일어나기를 바랄 때 동사어간에 기원법 어미 -*(y)A*를 첨가하여 사용한다. A형 어미이므로 어기의 마지막 음절 모음이

1) 후설모음 a, ı, o, u 가운데 하나이면 어미의 모음은 a

2) 전설모음 e, i, ö, ü 가운데 하나이면 어미의 모음은 e가 되며

모음 하나로 이루어진 어미이므로 모음으로 끝나는 어기에 첨가될 때 생기는 모음충돌을 회피하기 위한 수단으로 매개자음 y를 두 모음 사이에 넣는다.

한편, 기원법 어미의 음절구조는 V로서 -CV이므로 어말어미로 II군 인칭어미가 쓰인다.

1) 평서문

긍정	동사어간- -*(y)A* + II군 인칭어미
부정	동사어간- -*mA*-*(y)A* + II군 인칭어미

주어	긍정	부정
1인칭 비복수	**(Ben) Çalışayım.**	**(Ben) Çalışmayayım.**
2인칭 비복수	(Sen) Çalışasın.	(Sen) Çalışmayasın.
3인칭 비복수	O çalışa.	O çalışmaya.
1인칭 복수	**(Biz) Çalışalım.**	**(Biz) Çalışmayalım.**
2인칭 복수	(Siz) Çalışasınız.	(Siz) Çalışmayasınız.
3인칭 복수	Onlar çalışalar.	Onlar çalışmayalar.

II군 인칭어미에서 1인칭과 2인칭의 복수형은 원래 인칭 복수어미 -*(y)İz*를 1인칭과 2인칭 어미에 첨가해서 만들고 1인칭 복수형의 경우에는 1인칭 어미가 삭제되면서 인칭 복수어미만 사용된다. 그런데, 기원법에서는 2인칭 복수형은 원래의 방식을 따르고 있으나 1인칭 복수형의 경우에는 인칭 복수어미마저도 보이지 않고 별개의 형태인 -*lİm*이 기원법 어미에 첨가된 형태를 보임에 주의해야 한다. 무슨 이유로 이러한 형태를 보이게 되었는지에 대해서는 알려진 바가 없지만, 의문문에서 인칭어미가 이동하는 규칙을 쉽게 이해할 수 있는 매우 중요한 단서를 제공해준다. 터키어에서 활용 인칭어미는 주어와 관련된 정보를 나타내는 어말어미로서 항상 문장의 맨 뒤에 위치해야 한다. 따라서 평서문에 의문어미를

첨가하여 의문문을 만들 때 인칭어미가 의문어미 뒤로 이동하는 규칙이 있는데, 그렇지 않은 경우들도 있어서 학습자들은 이 규칙을 매우 까다롭게 여긴다. 요컨대 이 -*lİm* 처럼 1인칭 복수형임에도 인칭 복수어미 -*(y)İz*가 나타나지 않는 활용형에서는 모든 인칭 어미가 의문어미 뒤로 이동하지 않는다.

2) 의문문

긍정 의문	동사어간- -*(y)A* + II군 인칭어미 + *mİ*?
부정 의문	동사어간- -*mA* -*(y)A* + II군 인칭어미 + *mİ*?

II군 인칭어미가 기원법 어미 -*(y)A* 뒤의 원래 위치에서 의문어미 *mİ* 뒤로 이동하지 않았음에 주의해야 한다. 이는 앞서 설명했듯이 1인칭 복수형에 인칭 복수어미 -*(y)İz*가 보이지 않기 때문이다.

주어	긍정 의문	부정 의문
1인칭 비복수	**(Ben) Çalışayım mı?**	**(Ben) Çalışmayayım mı?**
	-	-
	-	-
1인칭 복수	**(Biz) Çalışalım mı?**	**(Biz) Çalışmayalım mı?**
	-	-
	-	-

기원법은 위의 표에서 볼 수 있듯이 모든 인칭의 활용형이 존재하지만, 현대에 와서는 2인칭과 3인칭은 별로 사용되지 않으며 특히 의문형에서는 1인칭만 사용된다.

C.4. 빈칸에 기원법 활용형을 써서 표를 완성하시오.

	Biz 긍정	Biz 부정	Biz 긍정 의문	Biz 부정 의문
alışveriş yap-				
dans et-				
konuş-				
gül-				
git-				

긍정문을 익힙시다.

1) Kitabıma bakayım.

2) Size cevap vereyim.

부정문을 익힙시다.

1) Kahve içmeyeyim.

2) Duş almayayım.

의문문을 익힙시다.

1) Şimdi konuşayım mı?

2) Okula gitmeyeyim mi?

C.5. 빈칸에 다음 동사의 기원법 활용형을 써서 표를 완성하시오.

	Ben 긍정	Ben 부정	Ben 긍정 의문	Ben 부정 의문
dışarı çık-				
yemek pişir-				
kahvaltı hazırla-				
yemek ye-				
uyu-				

C.6. 문장을 완성하시오.

1. Beraber çay iç-__________ __________?

2. Biz bugün eve erken git-__________.

3. Ben iki tane ekmek al-__________.

4. Ben de size gel-__________.

5. Ödevim var, eve git-__________, ödevimi yap-__________.

6. Yarın misafirlerimiz geliyor, bugün alışveriş yap-__________.

7. Hafta sonu buluş-__________ __________? (biz)

8. Ben de senin partine gel-__________ __________?

9. Yarın uçağımız erken saatte, bu akşam erken yat-__________.

10. Para biriktir-__________, tatilde güzel bir otelde kal-__________. (biz)

C.7. 빈칸에 주어진 동사의 기원법 또는 명령법 활용형을 써서 대화를 완성하시오.

1.

yap- pişir- pişir- yardım et- yap-

A Yarın annemler bize yemeğe geliyor. Ne ① __________? (ben)

B Tavuk ② __________. (sen)

A Daha özel bir yemek yapmak istiyorum.

B O zaman mantarlı biftek ③ __________. (sen)

A Aaaa, güzel! Ama o yemeği yapmayı bilmiyorum.

B Ben biliyorum. Sana ④ __________ __________ __________? (ben)
Beraber ⑤ __________ __________? (biz)

2.

oyna- götür- götür- çık- çık- ziyaret et-

Anne ve baba Kızım, beraber dışarı ① ____________ ____________? (biz)

Kız Hayır, istemiyorum, ② ____________. (biz)

Anne ve baba Seni parka ③ ____________ ____________? (biz)

Çocuk Hayır, ④ ____________. (siz)

Anne ve baba Beraber oyun ⑤ ____________ ____________? (biz)

Çocuk İstemiyorum.

Anne ve baba Dedeni ⑥ ____________ ____________ ____________? (biz)

Çocuk Olur.

3.

yap- yap- hazırla- hazırla-

Ali Çok açım.

Ayşe Yemek var, salata yok. Sen salata ① ____________, ben masayı ② ____________.

Ali Aa, hayır, sen salata ③ ____________, ben masayı ④ ____________. Sen çok güzel salata yapıyorsun.

Ayşe Seni seviyorum.

Ali Ben de seni çok seviyorum.

4.

izle-	getir-	buluş-	buluş-	gel-

Ali Selam, Ahmet! Hafta sonu nerede ① ______________ ? (biz)

Ahmet Kadıköy'de ② ______________ ______________ ? (biz)

Ali Hava çok sıcak.

Ahmet O zaman sen benim evime ③ ______________ . Evde klima var.

Ali Süper olur. Evde film ④ ______________ ______________ ? (biz)

Ahmet Aaa, süper fikir! Ben sana güzel bir film ⑤ ______________ .

C.8. Dinleyiniz, tamamlayınız. 듣고 완성하시오.

Elif Hoş geldin, Ayşe!

Ayşe Hoş bulduk, Elif! Evin ne kadar güzel! Kaç ① ______________ ?

Elif Teşekkür ederim. Üç oda, bir salon, bir de banyo var.

Ayşe Balkon da var, manzarası çok güzel. Mutfak nerede?

Elif Bu tarafta. Gel, oturalım, çay ② ______________ .

Ayşe Peki. Buzdolabın yeni mi?

Elif Evet, yeni.

Ayşe Güle güle ③ ______________ .

Elif Sağ ol. Çay nasıl, çok mu açık?

Ayşe Hayır, açık değil. Çok güzel, eline ④ ______________ .

Elif Afiyet ⑤ ______________ .

Kelimeler 단어

açık 열린, 연한
adres 주소
apartman 아파트
asansör 엘리베이터
ayna 거울
baharatlı 향신료가 들어간
bahçe 정원
balkon 발코니
banyo 욕실
bekle- 기다리다
bıçak 칼
bilet 표
blender 믹서기, 블렌더
bulaşık makinesi 식기세척기
bulutlu 흐린, 구름 낀
buzdolabı 냉장고
çamaşır makinesi 세탁기
çatal 포크
çatı 지붕
çay (마시는) 차
çekmece 서랍
çiçek 꽃
çikolatalı 초콜릿이 들어간
çilekli 딸기가 들어간
dolap 옷장, 찬장
dolaş- 돌아다니다
elbise 옷
elektrik süpürgesi 청소기
erken 일찍, 이른
etli 고기가 들어간
etraf 주위, 주변
mikrodalga fırın 전자레인지
fikir 생각
fırın 오븐
fiyat 가격
gazlı ocak 가스레인지
geçen 지난
güneş gözlüğü 선글라스
hafta 주
halı 카펫
hangi 어떤, 어느
hava nemlendirici 가습기
havlu 수건, 타월
hazır 준비가 된
her şey 모든 것
kadar 까지, 정도
kahvaltı 아침 식사
kahve 커피
kanepe 소파
kapı 문
karlı 눈이 내리는
kat 층
kedi 고양이
klozet 변기
misafir 손님
misafir odası 손님방
müstakil ev 단독주택
mutfak 주방
müzik 음악
odalı 방이 있는
site (아파트) 단지
sohbet et- 담소하다
spor salonu 스포츠 센터
su arıtma cihazı 정수기
sütlü 우유가 들어간
tabak 접시

koltuk 안락의자

konut 주택

köpek 개

koy- 두다

koyu 진한

kredi kartı 신용카드

kullan- 사용하다

kurutma makinesi 빨래 건조기

lamba 등

lavabo 세면대

limonlu 레몬이 들어간

masa 탁자

manzara 풍경

merdiven 계단

meyve suyu 과일주스

pahalı 값비싼

pencere 창문

perde 커튼

piknik 소풍

renk 색깔

saat 시계

sabah 아침

saç 머리카락

saç kurutma makinesi 드라이기

salon (oturma odası) 거실

şans 운, 행운

şekerli 설탕이 있는, 단

semt 동네, 구역

sev- 좋아하다, 사랑하다

tamam 네, 알겠습니다.

tatlı 단

telefon et- 전화하다

toplam 총(액)

topuz 올림머리

tuzlu 소금기가 있는, 짠

ütü 다리미

uygun 적당한

villa 빌라

yağlı 기름이 들어간, 기름진

yağmurlu 비가 내리는

yardım et- 돕다

yastık 베개

yatak odası 침실

yorgan 이불

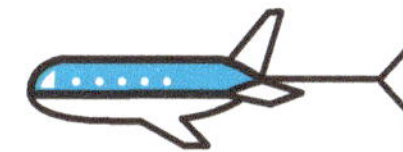

Ünite 6

Tatilim

휴가

학습목표

완료상과 예정상 문장을 익혀서 이미 일어난 일과 앞으로 일어날 일을 표현할 수 있다.

1. Sen neden valizine kitaplarını koymadın?	너 왜 여행 가방에 책들을 넣지 않았니?
2. Sen dün okula gittin mi?	너 어제 학교에 갔니?
3. Sen geçen yıl nerede tatil yaptın?	너 작년에 어디에서 휴가를 보냈니?
4. Sen yarın işten saat kaçta çıkacaksın?	너 내일 몇 시에 퇴근할 생각이니?

A. Yaşasın! Tatile gidiyoruz! 휴가를 떠나요!

Bodrum

A.1. Okuyunuz, cevaplayınız. 읽고 질문에 답하시오.

Geçen hafta kardeşim ve ben karnelerimizi aldık. İkimizin karnesi de çok iyiydi, bu yüzden babam bize "Sizi yarın Bodrum'a, dedenizin yeni evine götüreceğim." dedi. Biz çok sevindik ve heyecanlandık. Çünkü daha önce hiç Bodrum'a gitmedik. Annemize ve babamıza Bodrum hakkında sorular sorduk. Annem ve babam "Bodrum çok güzel bir yer, orada birçok beyaz ev var, Bodrum'un sokakları çiçeklerle dolu." dedi. Kardeşim "Bodrum'da deniz var mı?" diye sordu. Annem "Tabii ki var, Bodrum'un denizi mükemmel." dedi. Biz daha çok heyecanlandık. Tüm akşam kardeşim ve ben sorular sorduk, annem ve babam cevapladı.

1. Çocuklar niçin çok sevindi ve heyecanlandı?

2. Çocuklar kime sorular sordu?

3. Çocuklar daha önce Bodrum'a gitti mi?

4. Bodrum'un sokakları nasıl?

5. Bodrum'un denizi nasıl?

A.2. Dinleyiniz. 들어 보시오.

Anne	Osman! Özge! uyandınız mı?
Osman ve Özge	Evet anneciğim, uyandık!
Anne	Aaa, siz ne yapıyorsunuz orada?
Osman	Valizimizi hazırlıyoruz anneciğim.
Anne	Akıllı çocuklarım benim. Peki, valizinize neler koydunuz?
Osman	Ben kıyafetlerimi, mayomu, oyuncaklarımı koydum.
Anne	Ya sen, Özge?
Özge	Ben de kıyafetlerimi ve kitaplarımı koydum anneciğim.
Anne	Osman, sen neden valizine kitaplarını koymadın?
Osman	Unuttum anneciğim, hemen koyuyorum.

A.3. *A.2.*의 대화를 듣고, 옳은 것에 O 표시를, 틀린 것에 X 표시를 하시오.

1. Annesi Osman ve Özge'ye "Aferin" dedi. ( )
2. Osman valizine sadece mayosunu koydu. ( )
3. Özge valizine elbiselerini ve kitaplarını koydu. ( )
4. Osman valizine oyuncaklarını koymayı unuttu. ( )
5. Annesi çocuklarına bağırdı. ( )

문법 Dilbilgisi

직접경험 완료상 (보이는 과거시제) 어미 ˉDİ

완료상은 간단히 말해 "움직임이나 작용이 일어나고 있다가 완료된 상태"를 일컫는다. 따라서 완료상의 시간적 위치는 발화시점, 즉 현재일 수도 있듯이 과거일 수도 있고 미래일 수도 있다. 그러나 학교문법은 과거시제라는 용어 때문에 이를 "움직임이나 작용이 <과거>에 끝난 상태"라고 설명할 수밖에 없고 또 그렇게 하고 있다. 그러다 보니 발화시의 완료상과 미래의 완료상은 진행상에서와 마찬가지로 과거시제의 예외적인 특수 용법으로 설명해야 하는 자가당착에 빠진다.

여기에서 '직접경험'이란 화자가 이전 단계의 동작상인 진행상에 대해 알고 있다는 것을 의미한다. 화자가 진행상에 대한 정보가 없이 결과로서 완료를 알게 되는 경우도 있는 것이기 때문에 이를 구분하기 위한 것이다.

직접경험 완료상 어미 ˉ*Dİ*는 음절구조가 +CV이므로 어말어미로 I군 인칭어미가 첨가되며 İ형 어미이므로 동사어간의 마지막 음절 모음이

a, ı 가운데 하나이면 어미의 어말 모음은 ı
e, i 가운데 하나이면 i
o, u 가운데 하나이면 u
ö, ü 가운데 하나이면 ü가 된다.

한편, 어미의 어두 자음은 유무성으로 짝을 이루는 자음이므로 동사의 어간이 유성음인 모음이나 유성자음으로 끝나면 어미의 어두 자음은 d가 되고 무성자음으로 끝나면 t가 된다.

I군 인칭어미

앞서 배운 II군 인칭어미와 마찬가지로 주어와 관련된 정보를 나타낸다. 따라서 I군과 II군은 어기의 음절구조에 따라 선택되는 것으로 뜻과 기능이 동일한 어미이다.

I군 인칭어미	비복수	복수
1인칭(화자)	ˉ*(İ)m*	ˉ*(İ)k*
2인칭(청자)	ˉ*(İ)n*	ˉ*(İ)nİz*
3인칭(제3자)	ˉØ	ˉ*(lAr)*

1인칭 복수형이 -(İ)k이며 인칭 복수어미 -(y)İz가 없음에 주의해야 한다. 제5과에서 기원법을 설명할 때 언급한 바와 같이 1인칭 복수형에서 -(y)İz가 보이지 않으므로 직접경험 완료상을 의문문으로 만들 때는 인칭어미가 이동하지 않는다.

1) 평서문

긍정	동사어간- -*Dİ* + I군 인칭어미
부정	동사어간- -*mA*-*Dİ* + I군 인칭어미

예

주어	긍정	부정
1인칭 비복수	(Ben) Çalıştım.	(Ben) Çalışmadım.
2인칭 비복수	(Sen) Çalıştın.	(Sen) Çalışmadın.
3인칭 비복수	O çalıştı.	O çalışmadı.
1인칭 복수	(Biz) Çalıştık.	(Biz) Çalışmadık.
2인칭 복수	(Siz) Çalıştınız.	(Siz) Çalışmadınız.
3인칭 복수	Onlar çalıştı(lar).	Onlar çalışmadı(lar).

2) 의문문

긍정 의문	동사어간- -*Dİ* + I군 인칭어미 + *mİ*?
부정 의문	동사어간- -*mA*-*Dİ* + I군 인칭어미 + *mİ*?

예

주어	긍정 의문	부정 의문
1인칭 비복수	(Ben) Çalıştım mı?	(Ben) Çalışmadım mı?
2인칭 비복수	(Sen) Çalıştın mı?	(Sen) Çalışmadın mı?
3인칭 비복수	O çalıştı mı?	O çalışmadı mı?
1인칭 복수	(Biz) Çalıştık mı?	(Biz) Çalışmadık mı?
2인칭 복수	(Siz) Çalıştınız mı?	(Siz) Çalışmadınız mı?
3인칭 복수	Onlar çalıştı(lar) mı?	Onlar çalışmadı(lar) mı?

◎ 긍정문을 익힙시다.

1) Ben dün Ankara'ya gittim.
2) Biz sınavlarımızı geçtik.
3) O geçen hafta ailesini ziyaret etti.

◎ 부정문을 익힙시다.

1) Biz dün hiç uyumadık.
2) Siz geçen yıl tatile çıkmadınız.
3) Onlar dün toplantıya gelmediler.

◎ 의문문을 익힙시다.

1) Sen dün okula gittin mi?
2) Siz geçen hafta çalıştınız mı?
3) Onlar senin doğum gününe geldiler mi?

A.4. 빈칸에 인칭에 따른 직접경험 완료상의 활용형을 써서 표를 완성하시오.

주어	heyecanlan- 긍정	heyecanlan- 부정	heyecanlan- 긍정 의문	heyecanlan- 부정 의문
Ben				
Sen				
O				
Biz				
Siz				
Onlar				

주어	sevin- 긍정	sevin- 부정	sevin- 긍정 의문	sevin- 부정 의문
Ben				
Sen				
O				
Biz				
Siz				
Onlar				

주어	mutlu ol- 긍정	mutlu ol- 부정	mutlu ol- 긍정 의문	mutlu ol- 부정 의문
Ben				
Sen				
O				
Biz				
Siz				
Onlar				

주어	üzül- 긍정	üzül- 부정	üzül- 긍정 의문	üzül- 부정 의문
Ben				
Sen				
O				
Biz				
Siz				
Onlar				

A.5. 직접경험 완료상을 사용하여 문장을 완성하시오.

1. Dün çok yağmur yağ-__________, bu yüzden biz pikniğe git-__________.
2. Ali ve Ayşe sınavdan kötü not al-__________, bu yüzden ağla-__________.
3. Ben geçen hafta hastalan-__________, bu yüzden işe git-________________.
4. Siz dün gazete oku-__________ __________?
5. Sen geçen yıl nerede tatil yap-__________?
6. Dün evimize misafir gel-__________, biz misafirlere güzel yemekler yap-________.
7. Siz hiç uçağa bin-__________ __________?
8. Ali geçen yıl çok seyahat et-__________, birçok ülkeyi gör-__________.
9. Ben dün hiçbir şey ye-__________.
10. Biz geçen hafta havuza git-__________, havuzda yüz-__________, çok güzel zaman geçir-__________.
11. Kardeşim iki yıl önce Ankara'da doğ-__________.
12. Ben dün biraz yaramazlık yap-__________, annem bana kız-__________.
13. Annem geçen ay bana hediye al-__________, ben çok sevin-__________.
14. Dün kar yağ-__________, biz ailece kar topu oyna-__________.
15. Siz dün akşam ne yap-__________?

A.6. 진행상과 직접경험 완료상을 사용하여 문장을 완성하시오.

1. Ben her sabah arabamla işe git-__________.
2. Ben 1989'da İstanbul'da doğ-__________.
3. Biz geçen yıl dağda kamp yap-__________.
4. Ali her hafta sonu ailesiyle piknik yap-__________.
5. Onlar iki yıl önce Kore'ye taşın-__________.
6. Biz dün çok yorul-__________.
7. Babam her gün çok çalış-__________.
8. Sen hep yalan söyle-__________.

9. Biz geçen hafta göl kenarında çadır kur-__________.

10. Bizim oğlumuz iki yıl önce dünyaya gel-__________.

A.7. Okuyunuz. 읽어 보시오.

Kardeşim ve ben valizlerimizi hazırladık, sonra ailece kahvaltı ettik. Kahvaltıdan sonra hemen yola çıktık. Çünkü biz Ankara'da yaşıyoruz, dedemler Bodrum'da yaşıyor. Ankara Bodrum'a biraz uzak. Ankara'dan Bodrum'a arabayla gitmek dokuz saat sürüyor. Yolda şarkılar söyledik, müzik dinledik, sohbet ettik ve biraz uyuduk. İki kere de mola verdik. Öğlen üç buçukta Bodrum'a, dedemin evine vardık. Dedem, babaannem ve halam birlikte yaşıyorlar. Onlar bizi kapıda karşıladı. Biz onlara sarıldık. Hepimiz çok mutlu olduk.

A.8. *A.7.*의 글을 읽고, 질문에 답하시오.

1. Onlar kahvaltıdan sonra ne yaptılar?

____

2. Onlar yolda neler yaptılar?

____

3. Onlar saat kaçta dedelerinin evlerine vardılar?

____

A.9. Dinleyiniz, tamamlayınız. 듣고 완성하시오.

dinledik	uyudum	yoruldunuz	yaptık	eğlendik	çalıştık	geçti

Dede	Hoş geldiniz çocuklar!
Çocuklar	Hoş bulduk dedeciğim!
Dede	Yolculuğunuz nasıl ① ____________ ? ② ____________ mu?
Osman	Hayır, hiç yorulmadık. Arabada çok ③ ____________ .
Özge	Ben arabada biraz ④ ____________ , bu yüzden hiç yorulmadım.
Dede	Oh oh, çok iyi. Karneleriniz nerede? Bana da gösterin hadi.
Osman ve Özge	Burada, burada!
Dede	Bakayım. Hımmm, aferin size çocuklar. Karneleriniz harika.
Özge	Biz bu dönem çok ⑤ ____________ dedeciğim.
Osman	Evet, evet, bütün ödevlerimizi ⑥ ____________ , öğretmenlerimizi derste çok iyi ⑦ ____________ .
Dede	Aferin, benim akıllı torunlarıma!

B. Plajda 해변에서

B.1. 그림에 알맞은 표현을 골라 쓰시오.

güneş kremi　plaj havlusu　kum　şezlong　deniz şemsiyesi　deniz gözlüğü

①

②

③

④

⑤

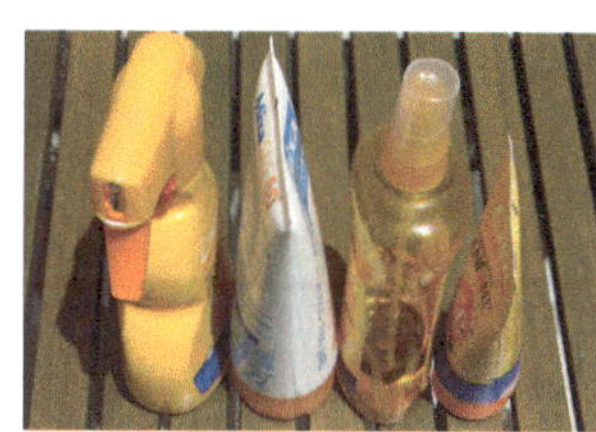

⑥

B.2. Okuyunuz, tamamlayınız. 읽고 완성하시오.

Çocuklar yolculuktan sonra evde dinlendiler. Ailece sohbet ettiler. Ertesi gün hava çok sıcaktı, 32 dereceydi. Osman, Özge ve halası biraz serinlemek ① iste-__________. Bunun için onlar Karaincir Plajı'na ② git-__________. Plajda birçok aile vardı, bu yüzden plaj biraz kalabalıktı ama deniz hiç dalgalı değildi ve çok temizdi. Onlar önce şezlong ve deniz şemsiyesi ③ kirala-__________. Üç şezlong ve bir deniz şemsiyesi için 120 TL ④ öde-__________, şezlonglarına havlularını ⑤ ser-__________. Halaları çocuklara güneş kremi ⑥ sür-__________, sonra beraber denize ⑦ gir-__________, bol bol ⑧ yüz-__________, oyunlar ⑨ oyna-__________. Çocuklar deniz gözlüğü ile denizin dibine ⑩ bak-__________. Onlar çok güzel bir gün ⑪ geçir-__________. Akşama kadar denizden hiç ⑫ çık-__________. Çocuklar Karaincir Plajı'nı çok ⑬ beğen-__________.

B.3. *B.2.*의 글을 읽고, 옳은 것에 O 표시를, 틀린 것에 X 표시를 하시오.

1. Dün hava serindi. (   )
2. Deniz kirli değildi. (   )
3. Onlar güzel bir koya gitti. (   )
4. Onlar plaja gittiler çünkü serinlemek istediler. (   )
5. Çocuklar tek başlarına denize girdiler. (   )

문법 Dilbilgisi

과거시제 (계사문의 복합시제 서술법) i-⁻*Dİ*

기존의 학교문법은 동사어간에 첨가되는 (1) ⁻*Dİ*와 계사어간에 첨가되는 (2) ⁻*Dİ*를 형태의 동일함에 기대어 모두 '보이는 과거시제'라고 한다. 그런데, (2)는 또 복합시제의 일종인 서술법으로 본다. 이는 서법, 동작상, 시제가 서로 별개의 문법 범주라는 사실과 터키어는 첨가어로서 개개의 형태소 분석이 용이하므로 복합범주 설정이 불필요하다는 사실을 등한시한 결과이다.

동사어간에 첨가되는 (1)은 동사의 속성 가운데 하나인 직접경험 완료상을 나타내는 동작상 어미이다. 그런데, 이것이 계사어간에 첨가될 때는 당연히 동작상을 나타내는 어미가 될 수 없다. 왜냐하면 계사는 아무런 어휘적인 뜻이 없는 연사로서 동사가 아니기 때문이다. 따라서 (2)는 과거시제 어미이다.

동사어간-⁻*Dİ* ⇒ 동작상 가운데 직접경험 완료상
계사어간-⁻*Dİ* ⇒ 과거시제 어미.

동일한 형태라도 나타나는 자리가 다르면 그 기능이 다르다는 것은 당연한 이치이다.

한편, 터키어에는 (2) 이외에 다른 시제 어미가 없으므로 과거시제만 있다. 요컨대 과거시제와 무시제의 대립이 있을 뿐이다. 무시제 문장이란 어떠한 시제어미도 나타나지 않는 문장을 뜻하는 것인데, 터키어에는 과거시제 어미만 있으므로 이러한 문장들은 과거시제 표지가 없다는 뜻에서 비과거시제 문장이라 할 수 있겠다.

우선, 제1과에서 살펴본 계사문의 서술어부 구조를 다시 써보면 아래와 같다.

1) 평서문(비과거시제, 즉 무시제)

긍정	형용사/명사 + (계사) + II군 인칭어미
부정	형용사/명사 + değil + (계사) + II군 인칭어미

2) 의문문(비과거시제, 즉 무시제)

긍정	형용사/명사 + *mİ* + (계사) + II군 인칭어미
부정	형용사/명사 + değil + *mİ* + (계사) + II군 인칭어미

계사문에서 과거시제 문장은 첨가어라는 특징에 맞게 위의 서술어부 구조에 과거시제를 나타내는 **계사어간-$^{-}$Dİ**를 추가로 첨가하면 얻어진다. 단, 주어 관련 정보를 알려주는 활용 인칭어미는 어말어미이므로 문장의 맨 뒤에 놓여야 하는 데, 이때 II군에서 I군으로 바뀐다는 것과 계사어기가 삭제되지 않는다는 점에 주의해야 한다. 왜냐하면 비과거시제에서는 선어말어미가 제로라서 어간의 분포제약에 따라 계사어간이 삭제되는 것이지만, 과거시제에서는 선어말어미가 있으므로 계사어간이 삭제되지 않는 것이며 또 그 음절구조가 +CV이기 때문이다. 따라서 계사문의 과거시제는 아래와 같다.

1) 평서문(과거시제)

긍정	형용사/명사 + i-$^{-}$*Dİ* + I군 인칭어미
부정	형용사/명사 + değil + i-$^{-}$*Dİ* + I군 인칭어미

2) 의문문(과거시제)

긍정	형용사/명사 + *mİ* + i-$^{-}$*Dİ* + I군 인칭어미
부정	형용사/명사 + değil + *mİ* + i-$^{-}$*Dİ* + I군 인칭어미

한편, 과거시제의 의미를 과거 시간과 연결하여 같은 것으로 생각하기 쉬운데, 우선 시제(tense)와 시간(time)은 별개의 개념이다. 만일 같은 것이라면 구태여 다른 이름을 붙이지는 않았을 것이다. 과거시제는 사태(사건과 상태를 줄인 말)가 과거 시간이라는 영역에 속한 것으로 이해할 것이 아니라 오히려 발화 시점에서 더 이상 유효하지 않다는 것으로 이해해야 한다.

계사는 어휘적인 의미가 없는 연사이므로 선행어절과 주로 연철하여 사용된다. 이때 계사어간의 모음 i는 자음과 연철될 때는 삭제되고 모음과 연철될 때는 y로 바뀐다는 점에 주의해야 한다.

예

	긍정	부정	긍정 의문	부정 의문
Ben	güzeldim	güzel değildim	güzel miydim?	güzel değil miydim?
Sen	güzeldin	güzel değildin	güzel miydin?	güzel değil miydin?
O	güzeldi	güzel değildi	güzel miydi?	güzel değil miydi?
Biz	güzeldik	güzel değildik	güzel miydik?	güzel değil miydik?
Siz	güzeldiniz	güzel değildiniz	güzel miydiniz?	güzel değil miydiniz?
Onlar	güzeldi(ler)	güzel değil(ler)di	güzel miydi? güzeller miydi?	güzel değil miydi? güzel değiller miydi?

B.4. 빈칸에 인칭에 따른 과거시제 활용형을 써서 표를 완성하시오.

	hasta 긍정	hasta 부정	hasta 긍정 의문	hasta 부정 의문
Ben				
Sen				
O				
Biz				
Siz				
Onlar				

	küçük 긍정	küçük 부정	küçük 긍정 의문	küçük 부정 의문
Ben				
Sen				
O				
Biz				
Siz				
Onlar				

	bebek 긍정	bebek 부정	bebek 긍정 의문	bebek 부정 의문
Ben				
Sen				
O				
Biz				
Siz				
Onlar				

B.5. 어법상 옳은 것에 O 표시를, 틀린 것에 X 표시를 하시오.

1. Sen beş yıl önce çocuk değilsiniz. ( )
2. Biz eskiden çalışkandık. ( )
3. O şimdi yorgun değil. ( )
4. Siz eskiden tembelim. ( )
5. Onlar dün kötü mü? ( )
6. Dün hava sıcak. ( )
7. Geçen hafta biz evde. ( )
8. Ali geçen ay tatildeydi. ( )
9. Ben iki yıl önce öğrenci. ( )
10. Dedem eskiden şofördü. ( )

B.6. 문장을 완성하시오.

1. Halam Çağla üç yıl önce 75 kilo ____________, şimdi 55 kilo.
2. O üç yıl önce bekar ____________, şimdi evli.
3. Onun saçları üç yıl önce kahverengi ____________, şimdi sarı.
4. Onun saçları üç yıl önce kısa ____________, şimdi uzun.
5. O üç yıl önce öğrenci ____________, şimdi avukat.

B.7. 그림에 알맞은 표현을 골라 쓰시오.

Yaz Tatili

güneşlen-　　deniz ürünleri　　yüz-　　dalış yap-

① ______ ② ______ ③ ______ ④ ______

Kış Tatili

kayak yap-　　kardan adam yap-　　kızakla kay-　　kar topu oyna-

⑤ ______ ⑥ ______ ⑦ ______ ⑧ ______

문법 Dilbilgisi

비교급과 최상급

A와 B를 서로 비교할 때 기준이 되는 말에는 탈격어미 ⁺*DAn*을 첨가하고 이어서 후치사 daha를 붙이는데, 후치사는 생략될 수 있다.

İstanbul, Ankara'dan (daha) büyük bir şehir.

Sen benden (daha) uzun boylusun.

최상급은 부사 en을 형용사 앞에 놓아 만드는데, 기준이 되는 말에 ⁺*DAki*를 첨가하거나 또는 명사 수식법을 사용한다.

Bu sınıf**taki en** akıllı çocuk Emre.

Emre, bu sınıf**taki en** akıllı çocuk.

Bu sınıfın en akıllı öğrencisi Emre.

Emre, bu sınıfın en akıllı öğrencisi.

B.8. 다음 그림을 보고, 옳은 것에 O 표시를, 틀린 것에 X 표시를 하시오.

Serhat Murat Buse

	Serhat	Murat	Buse
Boy	1.78	1.85	1.76
Kilo	80	78	55
Yaş	42	35	33

1. Serhat, Murat'tan daha zayıf. ( )

2. Murat, Serhat'tan daha uzun. ( )

3. Buse, Serhat'tan daha uzun. ( )

4. En uzun Murat. ( )

5. Buse, Serhat'tan zayıf. ( )

6. En zayıf Serhat. ( )

7. Serhat Buse'den küçük. ( )

8. En küçük Murat. ( )

9. Murat Buse'den büyük. ( )

10. En büyük Serhat. ( )

B.9. Daha와 en을 사용하여 문장을 완성하시오.

1. İstanbul, Ankara' ________ ________ kalabalık.

2. Pusan, Seul' ________ ________ sıcak.

3. Çin dünyanın ________ kalabalık ülkesi.

4. Kardeşim ben ________ ________ zeki.

5. Ben sen ________ ________ uzunum.

6. Mustafa sınıfın ________ çalışkan öğrencisi.

7. Siz biz ________ ________ zenginsiniz.

8. Sence dünyanın ________ güzel şehri hangi şehir?

9. Bugün dün ________ ________ sıcak.

10. Sen ben ________ ________ yakışıklısın.

C. Yarın ne yapacağız? 우리 내일 뭐 할 거예요?

Bodrum Kalesi

C.1. Okuyunuz, cevaplayınız. 읽고 질문에 답하시오.

Osman	Anne, yarın ne yapacağız?
Anne	Yarın sen, ben, baban ve ablan gezeceğiz.
Osman	Gerçekten mi? Peki, nereleri gezeceğiz?
Anne	Sabah Bodrum Kalesi'ne gideceğiz, sonra da Yalıkavak Pazarı'na gideceğiz.
Osman	Pazarda ne yapacağız?
Anne	Pazardan meyve sebze alacağız çünkü yarın dedenin İstanbul'dan misafirleri gelecek.
Osman	Dedemler bizimle kaleye ve pazara gelmeyecek mi?
Anne	Hayır, onlar misafirler için evde hazırlık yapacaklar.
Osman	Peki, yarın denize girecek miyiz?
Anne	Tabii, gireceğiz. Yalıkavak Pazarı'na yakın çok güzel bir sahil var, pazarda alışveriş yaptıktan sonra hep beraber oraya gideceğiz.
Osman	Yaşasın, yaşasın!

1. Onlar yarın nereye gidecekler?

2. Osman'ın dedesi, babaannesi ve halası niçin onlara katılmayacak?

3. Onlar pazardan ne alacaklar?

4. Onlar nerede denize girecekler?

문법 Dilbilgisi

예정상(미래시제) 어미 ⁻*(y)AcAK*

예정상은 간단히 말해 "진행상의 이전 단계로서 움직임이나 작용이 앞으로 일어날 것으로 예상되거나 추정되는 상태"를 일컫는다. 따라서 예정상 역시 그 시간적 위치는 발화시점, 즉 현재일 수도 있듯이 과거일 수도 있고 미래일 수도 있다.

예정상 어미 ⁻*(y)AcAK*은 음절구조가 -CV이므로 어말어미로 II군 인칭어미가 첨가되며 A형 어미이므로 동사어간의 마지막 음절 모음이

a, ı, o, u 가운데 하나이면 어미의 모음들은 a

e, i, ö, ü 가운데 하나이면 e가 된다.

한편, 어미가 모음으로 시작하므로 모음으로 끝나는 동사어간에 첨가될 때는 모음충돌이 일어나서 이를 회피하기 위해 매개자음 y를 모음 사이에 놓는다. 또한 어미의 어말 자음은 유무성 짝을 이루는 k이므로 모음으로 시작하는 어미가 첨가될 때는 유성음화하여 ğ가 된다.

1) 평서문

긍정	동사어간 + ⁻*(y)AcAK* + II군 인칭어미
부정	동사어간 + ⁻*mA* + ⁻*(y)AcAK* + II군 인칭어미

예

	kal-	kalma-
Ben	kalacağım	kalmayacağım
Sen	kalacaksın	kalmayacaksın
O	kalacak	kalmayacak
Biz	kalacağız	kalmayacağız
Siz	kalacaksınız	kalmayacaksınız
Onlar	kalacak(lar)	kalmayacak(lar)

2) 의문문

긍정	동사어간 + ⁻*(y)AcAK* + *mİ* + II군 인칭어미
부정	동사어간 + ⁻*mA* + ⁻*(y)AcAK* + *mİ* + II군 인칭어미

예

	kal-	kalma-
Ben	kalacak mıyım?	kalmayacak mıyım?
Sen	kalacak mısın?	kalmayacak mısın?
O	kalacak mı?	kalmayacak mı?
Biz	kalacak mıyız?	kalmayacak mıyız?
Siz	kalacak mısınız?	kalmayacak mısınız?
Onlar	kalacak(lar) mı?	kalmayacak(lar) mı?

C.2. 빈칸에 인칭에 따른 예정상의 활용형을 써서 표를 완성하시오.

	nişanlan- 긍정	nişanlan- 부정	nişanlan- 긍정 의문	nişanlan- 부정 의문
Ben				
Sen				
O				
Biz				
Siz				
Onlar				

	gez- 긍정	gez- 부정	gez- 긍정 의문	gez- 부정 의문
Ben				
Sen				
O				
Biz				
Siz				
Onlar				

	spora başla- 긍정	spora başla- 부정	spora başla- 긍정 의문	spora başla- 부정 의문
Ben				
Sen				
O				
Biz				
Siz				
Onlar				

	yemek ye- 긍정	yemek ye- 부정	yemek ye- 긍정 의문	yemek ye- 부정 의문
Ben				
Sen				
O				
Biz				
Siz				
Onlar				

C.3. 어법상 옳은 것에 O 표시를, 틀린 것에 X 표시를 하시오.

1. Biz yarın tatile çıktık. ( )
2. Onlar dün otelde kalacak. ( )
3. Yarın Ali'nin doğum gününü kutlayacağız. ( )
4. Siz hangi yıl doğdunuz? ( )
5. Onlar şimdi evde dinleniyorlar. ( )

C.4. 예정상을 사용하여 문장을 완성하시오.

1. Ali ve Ayşe yarın balayına çık-________.
2. Biz yakında emekli ol-________.
3. Ben önümüzdeki hafta bir şirkette işe başla-________.
4. Biz gelecek hafta tatilde dalış yap-________.
5. Kardeşim ve ben annemin doğum günü için gelecek ay sürpriz parti düzenle-________.
6. Babam iki ay sonra yeni bir araba satın al-________.
7. Ayşe şimdi hamile, o gelecek ay doğum yap-________.
8. Biraz hastayım, yarın için doktordan randevu al-________.
9. Yarın yağmur yağ-________ ________?
10. Siz yarın işten saat kaçta çık-________?

과일

üzüm kiraz muz karpuz incir şeftali çilek elma

① ② ③ ④

⑤ ⑥ ⑦ ⑧

야채

biber patlıcan soğan havuç fasulye maydanoz domates sarımsak

① ② ③ ④

⑤ ⑥ ⑦ ⑧

C.5. Okuyalım, işaretleyelim. 읽고, 옳은 것에 O 표시를, 틀린 것에 X 표시를 하시오.

Yalıkavak Pazarı her cumartesi sabah saat 09.00'dan akşam saat 20.00'ye kadar açık. Pazar saat 18.00'dan sonra daha kalabalık oluyor. Çünkü o saatlerde hava çok sıcak olmuyor. Yalıkavak Pazarı'nda birçok çeşit taze meyve ve sebze var. Ayrıca Yalıkavak Pazarı diğer semtlerin pazarlarından daha ucuz. Bunun için Yalıkavak Pazarına başka semtlerden insanlar da geliyor. Biz, yarın annem, babam, ablam ve ben Yalıkavak Pazarı'na gideceğiz, dedemin misafirleri için oradan alışveriş yapacağız. Dedem bir alışveriş listesi yaptı. Biz yarın pazardan üç kilo domates, iki kilo biber, iki kilo patlıcan, dört kilo soğan, üç kilo çilek ve beş kilo karpuz alacağız.

1. Yalıkavak Pazarı sabah saat dokuzdan akşam saat sekize kadar açık. ( )
2. Yalıkavak Pazarı diğer semtlerin pazarlarından daha pahalı değil. ( )
3. Onlar bir alışveriş listesi yaptı. ( )
4. Onlar pazardan üç kilo çilek alacak. ( )
5. Onlar pazardan altı kilo karpuz alacak. ( )

Kelimeler 단어

alışveriş 쇼핑
bakkal 식료품점
bayrak 국기
beden (옷) 사이즈
beyaz 흰색
biber 고추
bluz 블라우스
bozuk para 잔돈
bulutlu 날씨가 흐린, 구름 낀
çilek 딸기
çorap 양말
tavsiye et- 추천하다
taze 신선한
toplam 합계, 총
torba 봉지, 봉투, 자루
üzüm 포도
yağlı 기름기 있는
yağmur 비
yağsız 기름기 없는
yarım 반, 절반
yeşil 초록색
yumurta 달걀
yumuşak 부드러운

dene- 시도하다, 입어보다
deniz 바다
diş fırçası 칫솔
diş macunu 치약
elma 사과
et 고기
etek 치마
ev eşyası 가정용품, 가재도구
fasulye 콩
genellikle 일반적으로
gökyüzü 하늘

gri 회색
hasta 아픈, 환자
havuç 당근
iç çamaşırı 속옷
incir 무화과
indirim 할인
kahvaltılık 아침 식사용
kalabalık 군중, 무리, 집단, 붐비는, 복잡한
kar 눈
karpuz 수박
kazak 스웨터
kıyafet 의류

MEMO

부록
EK

- 정답

정답

Ünite 1. Tanışma 자기소개

A. Merhaba

A.2. ① Merhaba ② adınız ③ adım ④ ne ⑤ memnun

A.3. 1. ② 2. ①

A.4. ① Günaydın! ② İyi günler! ③ İyi akşamlar! ④ İyi geceler!

A.6. 3-1-6-4-8-7-2-9-5

B. Mevsimler ve Sayılar

B.3. 2. on altı 3. kırk beş 4. yetmiş yedi 5. doksan iki 6. yüz yedi
7. yüz on sekiz 8. üç yüz kırk iki 9. yedi yüz seksen altı 10. iki bin otuz beş

B.4. 2. geceler 3. uçaklar 4. radyolar 5. domatesler
6. şişeler 7. cüzdanlar 8. eller 9. bardaklar 10. limonlar

B.6. ① Şu ne? ② Bu masa. ③ Bunlar ne? ④ Onlar bardak.
⑤ Bu kim? ⑥ O doktor. ⑦ Şu kim? ⑧ O öğretmen.

B.7. ① ne ② mı ③ değil ④ mi

B.8. 1. mı 2. mi 3. mı 4. mi 5. mü 6. mi 7. mu 8. mi 9. mu 10. mü

C. Nerelisiniz?

C.2. 1. Esra İzmirli. 2. Cengiz İzmirli. 3. Esra 17 yaşında. 4. Cengiz 18 yaşında.

C.3.

	Çalışkan 긍정	Çalışkan 부정	Çalışkan 긍정의문	Çalışkan 부정의문
Ben	Çalışkanım.	Çalışkan değilim.	Çalışkan mıyım?	Çalışkan değil miyim?
Sen	Çalışkansın.	Çalışkan değilsin.	Çalışkan mısın?	Çalışkan değil misin?
O	Çalışkan.	Çalışkan değil.	Çalışkan mı?	Çalışkan değil mi?
Biz	Çalışkanız.	Çalışkan değiliz.	Çalışkan mıyız?	Çalışkan değil miyiz?
Siz	Çalışkansınız.	Çalışkan değilsiniz.	Çalışkan mısınız?	Çalışkan değil misiniz?
Onlar	Çalışkanlar.	Çalışkan değiller.	Çalışkanlar mı?	Çalışkan değiller mi?

	doktor 긍정	doktor 부정	doktor 긍정의문	doktor 부정의문
Ben	Doktorum.	Doktor değilim.	Doktor muyum?	Doktor değil miyim?
Sen	Doktorsun.	Doktor değilsin.	Doktor musun?	Doktor değil misin?
O	Doktor.	Doktor değil.	Doktor mu?	Doktor değil mi?
Biz	Doktoruz.	Doktor değiliz.	Doktor muyuz?	Doktor değil miyiz?
Siz	Doktorsunuz.	Doktor değilsiniz.	Doktor musunuz?	Doktor değil misiniz?
Onlar	Doktorlar.	Doktor değiller.	Doktorlar mı?	Doktor değiller mi?

	Memur 긍정	Memur 부정	Memur 긍정의문	Memur 부정의문
Ben	Memurum.	Memur değilim.	Memur muyum?	Memur değil miyim?
Sen	Memursun.	Memur değilsin.	Memur musun?	Memur değil misin?
O	Memur.	Memur değil.	Memur mu?	Memur değil mi?
Biz	Memuruz.	Memur değiliz.	Memur muyuz?	Memur değil miyiz?
Siz	Memursunuz.	Memur değilsiniz.	Memur musunuz?	Memur değil misiniz?
Onlar	Memurlar.	Memur değiller.	Memurlar mı?	Memur değiller mi?

	Akıllı 긍정	Akıllı 부정	Akıllı 긍정의문	Akıllı 부정의문
Ben	Akıllıyım.	Akıllı değilim.	Akıllı mıyım?	Akıllı değil miyim?
Sen	Akıllısın.	Akıllı değilsin.	Akıllı mısın?	Akıllı değil misin?
O	Akıllı.	Akıllı değil.	Akıllı mı?	Akıllı değil mi?
Biz	Akıllıyız.	Akıllı değiliz.	Akıllı mıyız?	Akıllı değil miyiz?
Siz	Akıllısınız.	Akıllı değilsiniz.	Akıllı mısınız?	Akıllı değil misiniz?
Onlar	Akıllılar.	Akıllı değiller.	Akıllılar mı?	Akıllı değiller mi?

C.4. 1. X 2. O 3. O 4. X 5. O

C.5. 1. Koreliyim 2. Türk'üz 3. pilot 4. kötüyüm
5. değilsiniz 6. değilim 7. değilsin 8. misiniz 9. mü 10. misin

C.6. 1. X 2. O 3. X 4. X 5. O

C.7. ① Nasılsın ② misin ③ iyiyim ④ nasılsın ⑤ değilim ⑥ hastayım

C.8. 2. Fransız'ım. 3. Japon'um. 4. Çinliyim. 5. Rus'um.
6. Ankaralıyım. 7. Seullüyüm. 8. İzmirliyim. 9. Busanlıyım.

Ünite 2. Okulum 우리 학교

A. Nerede?

A.2. 1. X 2. X 3. O 4. O

A.3. ① öğrenci ② öğretmen ③ defter ④ kalem ⑤ sıra ⑥ tahta ⑦ çanta ⑧ kitap

A.4. ① anaokulu ② ilkokul ③ ortaokul ④ lise ⑤ üniversite

A.5. 1. X 2. O 3. O 4. X 5. O

A.6. 1. cüzdanda 2. tabakta 3. bahçede 4. kafeste

A.7. 1. sınıfta 2. Ankara'da 3. Kore'de 4. masada
5. dolapta 6. ofiste 7. bahçede 8. parkta 9. Evdeyim 10. çantada

A.8. ① Neredesin ② Otobüsteyim

A.9. 1. hastanedeyim 2. restorandayız 3. parkta mısınız 4. havuzda 5. odadayım
6. otobüste misin 7. uçakta değiliz 8. metroda 9. yolda mısınız 10. neredesin

B. Ne var, ne yok?

B.1. 1. var 2. var 3. var 4. yok 5. var 6. yok 7. var 8. yok 9. var 10. yok

B.3. 1. Evet, salonda televizyon var. 2. Evet, salonda halı var. 3. Hayır, salonda insan yok.
4. Hayır, salonda kitaplık yok. 5. Evet, salonda sehpa var. 6. Evet, salonda köpek yok.

B.5. ① nasılsın ② İyiyim ③ nasılsın ④ değilim ⑤ Çankaya'da ⑥ Gangnam'da

B.6. memleket

Benim memleketim	Bizim memleketimiz
Senin memleketin	Sizin memleketiniz
Onun memleketi	Onların memleketleri

okul

Benim okulum	Bizim okulumuz
Senin okulun	Sizin okulunuz
Onun okulu	Onların okulları

göz

Benim gözüm	Bizim gözümüz
Senin gözün	Sizin gözünüz
Onun gözü	Onların gözleri

para

Benim param	Bizim paramız
Senin paran	Sizin paranız
Onun parası	Onların paraları

B.7. 1. ofisim 2. doktorun 3. gözlerin 4. telefonunuz 5. evimiz
6. kediniz 7. arkadaşı 또는 arkadaşları 8. kalemi 9. öğretmenim 10. sınıfımız

B.8. ① kimliğiniz ② Adınız ③ soyadınız ④ Soyadım ⑤ numaranız ⑥ transkriptiniz

B.9. 1. O 2. X 3. O

C. Kaçıncı Katta?

C.1. 1. Kütüphane giriş (zemin) katında. 2. Sınıflar birinci ve ikinci katlarda.
3. Kafeterya üçüncü katta. 4. İkinci katta sınıflar var.

C.3. 1. Kitap kırmızı. 2. Defter yeşil. 3. Silgi pembe.
4. Sıra ve sandalye sarı. 5. Cetvel mavi.

C.4. ① sıcak × soğuk ② zayıf × şişman ③ dolu × boş ④ yumuşak × sert
⑤ kalın × ince ⑥ ucuz × pahalı ⑦ büyük × küçük ⑧ zor × kolay
⑨ fakir × zengin ⑩ uzun × kısa ⑪ yakın × uzak

C.5. 1. küçük 2. fakir 3. yakın 4. kısa 5. kolay 6. soğuk 7. şişman
8. dolu 9. doğru 10. yüksek 11. kalın 12. yavaş 13. yumuşak

C.6. 1. arabamda 2. okulunda 3. bahçemizde 4. evinde 5. şişelerinde
6. masanızda 7. restoranında 8. elimde 9. cüzdanınızda 10. odanda

C.7. ① Çantanda ② başka ③ Çantamda ④ cüzdanında ⑤ Cüzdanımda

A. Ne yapıyorsunuz?

A.2. 1. X 2. O 3. O 4. X 5. X

A.3. ① uyanıyor ② duş alıyor ③ kahvaltı yapıyor
④ gidiyor ⑤ kitap okuyor ⑥ yatıyor

A.4.

	kalk- 긍정	kalk- 부정	kalk- 긍정 의문	kalk- 부정 의문
Ben	kalkıyorum	kalkmıyorum	kalkıyor muyum?	kalkmıyor muyum?
Sen	kalkıyorsun	kalkmıyorsun	kalkıyor musun?	kalkmıyor musun?
O	kalkıyor	kalkmıyor	kalkıyor mu?	kalkmıyor mu?
Biz	kalkıyoruz	kalkmıyoruz	kalkıyor muyuz?	kalkmıyor muyuz?
Siz	kalkıyorsunuz	kalkmıyorsunuz	kalkıyor musunuz?	kalkmıyor musunuz?
Onlar	kalkıyorlar	kalkmıyorlar	kalkıyorlar mı?	kalkmıyorlar mı?

	Otur- 긍정	Otur- 부정	Otur- 긍정 의문	Otur- 부정 의문
Ben	oturuyorum	oturmuyorum	oturuyor muyum?	oturmuyor muyum?
Sen	oturuyorsun	oturmuyorsun	oturuyor musun?	oturmuyor musun?
O	oturuyor	oturmuyor	oturuyor mu?	oturmuyor mu?
Biz	oturuyoruz	oturmuyoruz	oturuyor muyuz?	oturmuyor muyuz?
Siz	oturuyorsunuz	oturmuyorsunuz	oturuyor musunuz?	oturmuyor musunuz?
Onlar	oturuyorlar	oturmuyorlar	oturuyorlar mı?	oturmuyorlar mı?

	Dön- 긍정	Dön- 부정	Dön- 긍정 의문	Dön- 부정 의문
Ben	dönüyorum	dönmüyorum	dönüyor muyum?	dönmüyor muyum?
Sen	dönüyorsun	dönmüyorsun	dönüyor musun?	dönmüyor musun?
O	dönüyor	dönmüyor	dönüyor mu?	dönmüyor mu?
Biz	dönüyoruz	dönmüyoruz	dönüyor muyuz?	dönmüyor muyuz?
Siz	dönüyorsunuz	dönmüyorsunuz	dönüyor musunuz?	dönmüyor musunuz?
Onlar	dönüyorlar	dönmüyorlar	dönüyorlar mı?	dönmüyorlar mı?

A.5. 1. ④ 2. ④ 3. ②

A.7. 2. uyuyor (⑤) 3. çekiyor (⑪) 4. pişiriyor (③) 5. içiyor (②)
6. yiyor (①) 7. dinleniyor (⑭) 8. söylüyor (⑮) 9. ağlıyor (⑧)
10. gülüyor (⑨) 11. çalışıyor (⑤) 12. yüzüyor (⑥) 13. çalıyor (⑩)
14. oynuyor (⑦) 15. oynuyor (⑬)

A.8. 1. uyanıyorum 2. çalışıyoruz 3. yapıyor 4. konuşuyor 5. dinliyoruz
6. kullanıyor 7. gülümsüyorsun 8. evleniyorsunuz 9. uyuyor 10. söylemiyor
11. okuyor 12. gidiyoruz, izliyoruz 13. yaşıyorsun 14. çalışıyorsunuz
15. geliyorlar mı

A.9. 1. Yatıyorum. 2. Kahvaltı yapıyorum. 3. Yemek yiyorum.
4. Ders çalışıyorum. 5. Gitar çalıyorum.

✓ B. Nereden, Nerede, Nereye?

B.1. ① yaşıyorum ② öğretiyorum ③ çalışmıyorum ④ dinleniyorum

B.2. ① oturuyorum ② çalışıyorum ③ seviyorum

B.3. 1. kaç 2. kim 3. nerede 4. nasıl 5. ne zaman 6. hangi 7. ne 8. neden

B.4. 1. evden 2. otobüsten 3. polisten 4. babamdan 5. Ali'den
6. yataktan 7. kedilerden 8. Kore'den 9. marketten 10. ağaçtan

B.5. 1. eve 2. sınıfa 3. metroya 4. bize 5. anneme 6. öğretmene 7. deftere
8. tahtaya 9. bana 10. fincana 11. dağa 12. Ayşe'ye 13. nereye
14. öğrencilere 15. Türkiye'ye

B.7. 1. Çünkü onun evi okuluna biraz uzak. 2. O okula metro ve otobüs ile gidiyor. 3. Evde ders çalışıyor, kitap okuyor, ödev yapıyor, biraz televizyon izliyor ve yatıyor.

B.8. 1. duştan sonra 2. Dersten sonra 3. Spordan sonra 4. Yemeklerden önce 5. Kahvaltıdan sonra 6. Yemekten sonra 7. Tatilden önce

C. Saat kaç?

C.2. 1. ③ 2. ② 3. ② 4. ①

C.3. 2. Saat sekize on var. 3. Saat dokuz. 4. Saat dokuza çeyrek var. 5. Saat yarım. 6. Saat onu çeyrek geçiyor. 7. Saat on biri on geçiyor.

C.4. 2. ona, 9:50 3. biri, 1:15 4. ikiye, 1:45 5. üçe, 2:40 6. biri, 11:20 7. dördü, 4:25 8. dörde, 3:55 9. altıyı, 6:10 10. ona, 9:50

C.5. ① Saat iki. ② Saat beş. ③ Saat on bir. ④ Saat altı. ⑤ Saat dokuz. ⑥ Saat sekiz. ⑦ Saat dört. ⑧ Saat yedi. ⑨ Saat on iki.

C.6. 1. X 2. O 3. X 4. O 5. O 6. X 7. X 8. X 9. O 10. O

C.8. ① Merhaba ② Saat ③ saatlerde ④ saat ⑤ kaç ⑥ kaç ⑦ saat ⑧ ikide

C.9. 1. ② 2. ① 3. ② 4. ③ 5. ①

C.10. ① uyanıyorum ② evden çıkıyorum ③ başlıyor ④ bitiyor ⑤ otobüse biniyorum ⑥ yatıyorum

Ünite 4. Ailem 우리 가족

A. Aile Bireyleri

A.1. 1. Ekin'in annesi elli dört yaşında. 2. Ekin'in babası elektrik mühendisi.
3. Ekin'in iki kardeşi var. 4. Ekin İstanbul Üniversitesinde okuyor.
5. Ekin Matematik Öğretmenliği Bölümünde okuyor.

A.2. 2. Tuna'nın annesi 3. Fırat'ın babası 4.İsmail'in oğlu 5. Mete'nin büyük annesi
6. Mehtap'ın büyük babası 7. Mete'nin kuzeni 8. Gül'ün kızı 9. Fırat'ın ablası

A.3. 1. ① 2. ⑤ 3. ⑥ 4. ② 5. ④ 6. ③

A.4. 1. Ali'nin boyu 2. Aslı'nın saçı 3. Esma'nın evi 4. Kitabın kapağı
5. Türkiye'nin başkenti 6. Televizyonun sesi 7. Çocuğun bisikleti
8. Telefonumun markası 9. Kardeşimin okulu 10. Kore'nin ekonomisi

A.6. 1. O 2. X 3. O 4. O 5. X

A.7. ① kalemi ② kalemi ③ kalemi ④ kalemi ⑤ topu ⑥ topu ⑦ topu
⑧ topu ⑨ Üniversitesi ⑩ Üniversitesi ⑪ Üniversitesi ⑫ Üniversitesi
⑬ öğretmeni ⑭ öğretmeni ⑮ öğretmeni ⑯ öğretmeni

A.8. 1. makinesi 2. masası 3. Caddesi 4. çorbası 5. parkı 6. masası 7. İstasyonu
8. bileti 9. odası 10. doktoru 11. bardağı 12. kaşığı 13. bardağı 14. saati
15. polisi

A.9. 1. Ali'nin arabasının rengi 2. Babamın arkadaşının adı
3. Ankara Üniversitesinin rektörü 4. Aslı'nın sırt çantasının fiyatı
5. Sizin ofisinizin perdesinin kumaşı 6. Ali'nin babasının arkadaşı

B. Dedemi Ziyaret

B.2. 1. O 2. X 3. O 4. X 5. O

B.3. 1. Akdeniz Bölgesi'nde. 2. Ege Bölgesi'nde. 3. Marmara Bölgesi'nde.
4. İç Anadolu Bölgesi'nde. 5. Doğu Anadolu Bölgesi'nde.
6. Güneydoğu Anadolu Bölgesi'nde. 7. Karadeniz Bölgesi'nde.

B.4. 1. beni 2. adamı 3. ödevlerini 4. sizi 5. Ali'yi
6. Ahmet'i 7. İstanbul'u 8. filmi 9. annemizi 10. konuyu

B.5. 1. evde 2. evden 3. seni 4. okula 5. eve
6. Aygül'den 7. mutfakta 8. sizi 9. bize 10. bizi

B.6. ① müdürü ② işini ③ öğrencilerini ④ çalışmıyor ⑤ Dedem

B.7. 2. babamla 3. Kutsi'yle 4. Fatma'yla 5.kaşıkla 6. çatalla

B.8. 1. otobüsle 2. metroyla 3. bisikletle 4. uçakla 5. arabayla

B.9. 1. ile 2. onunla 3. ile 4. Hanım'la 5. ile
6. ile 7. Tarkan'la 8. annenle 9. Aslı'yla 10. sizinle

C. Aile Fotoğrafı

C.1. ① dedem ② Deden ③ büyükannem ④ ablam ⑤ kardeşim

C.2. 1. O 2. X 3. X 4. O 5. X

C.3. ① yan ② ara ③ ön ④ arka ⑤ sol ⑥ sağ

C.4. 1. erkek kardeşi 2. annesi 3. babası 4. büyükannesi 5. ablası

C.5. ① nerelisin ② neresindensin ③ Seul'denim ④ ortasından

C.6. ① kuzey ② kuzeybatı ③ kuzeydoğu ④ batı
⑤ doğu ⑥ güneybatı ⑦ güneydoğu ⑧ güney

C.8. 1. X 2. O 3. X 4. X 5. O

Ünite 5. Evim 우리 집

A. Eviniz Hangi Semtte?

A.1. 1. Çankaya'da. 2. İki katlı ve yedi odalı. 3. Bülent. 4. Üç odalı. 5. Aysun'un.

A.2. ① Apartman ② Villa ③ Site ④ Müstakil ev

A.3. ① çatı katı ② yatak odası ③ oturma odası (salon) ④ banyo ⑤ mutfak ⑥ bahçe

A.4. ① yemek masası ② buzdolabı ③ koltuk ④ sandalye ⑤ kanepe ⑥ gardırop
⑦ küvet ⑧ ayna ⑨ fırın ⑩ televizyon ⑪ elektrik süpürgesi ⑫ çamaşır makinesi

A.6. ① yağmurlu ② rüzgârlı ③ karlı ④ güneşli

A.7. 1. katlı, odalı, bahçeli 2. yağmurlu 3. çilekli 4. havuzlu 5. baharatlı
6. karlı. 7. gözlü 8. katlı 9. sütlü 10. yağlı 11. Koreliyim 12. bulutlu
13. gözlüklü, boylu 14. ballı 15. Tuzlu

A.8. ① saçlı ② boylu ③ saçlı ④ boylu ⑤ saçlı

B. Bahçeli Ev

B.1. ① bahçeli ② apartmanda ③ Ağaçları ④ odası ⑤ odası ⑥ aile

B.2. 1. O 2. X 3. O 4. O

B.4. 1. O 2. O 3. X 4. X 5. X

B.5.

	Sen 긍정	Sen 부정	Siz 긍정	Siz 부정
Çalış-	Çalış	Çalışma	Çalışın	Çalışmayın
Konuş-	Konuş	Konuşma	Konuşun	Konuşmayın
Dön-	Dön	Dönme	Dönün	Dönmeyin
Ağla-	Ağla	Ağlama	Ağlayın	Ağlamayın

B.6.

	O 긍정	O 부정	O 긍정 의문	O 부정 의문
Uyan-	Uyansın	Uyanmasın	Uyansın mı?	Uyanmasın mı?
Şarkı söyle-	Şarkı söylesin	Şarkı söylemesin	Şarkı söylesin mi?	Şarkı söylemesin mi?
Koş-	Koşsun	Koşmasın	Koşsun mu?	Koşmasın mı?
Yürü-	Yürüsün	Yürümesin	Yürüsün mü?	Yürümesin mi?

B.7.

	Onlar 긍정	Onlar 부정	Onlar 긍정 의문	Onlar 부정 의문
Ödev yap-	Ödev yapsınlar	Ödev yapmasınlar	Ödev yapsınlar mı?	Ödev yapmasınlar mı?
Yemek ye-	Yemek yesinler	Yemek yemesinler	Yemek yesinler mi?	Yemek yemesinler mi?
Uyu-	Uyusunlar	uyumasınlar	Uyusunlar mı?	Uyumasınlar mı?
Oku-	Okusunlar	Okumasınlar	Okusunlar mı?	Okumasınlar mı?

B.9. 1. ① dikkatli ol ② bırakma ③ Korkma ④ aç ⑤ ye ⑥ iç
⑦ unutma ⑧ uyuma ⑨ uyan ⑩ kahvatı yap ⑪ Endişelenme

2. ① olun ② dinleyin ③ dilemeyin ④ motive olun

3. ① dikkat edin ② tırmanmasınlar ③ içmesinler
④ merak etme ⑤ alma ⑥ kavga etmesinler ⑦ koşmasınlar ⑧ sus

B.10. ① uyan ② sekiz ③ kalk ④ git ⑤ gel ⑥ ol

C. Balkonda Kahvaltı

C.1. 1. Balkonda. 2. Peynir, zeytin, domates, biber ve ekmek var. 3. Evet, istiyor.

C.2. ① çay ② zeytin ③ peynir ④ bal ⑤ sucuk
⑥ yumurta ⑦ salatalık ⑧ domates ⑨ omlet ⑩ biber

C.3. ① şemsiye ② unutma ③ güneşli ④ gidelim

C.4.

	Biz 긍정	Biz 부정	Biz 긍정 의문	Biz 부정 의문
Alışveriş yap-	Alışveriş yapalım	Alışveriş yapmayalım	Alışveriş yapalım mı?	Alışveriş yapmayalım mı?
Dans et-	Dans edelim	Dans etmeyelim	Dans edelim mi?	Dans etmeyelim mi?
Konuş-	Konuşalım	Konuşmayalım	Konuşalım mı?	Konuşmayalım mı?
Gül-	Gülelim	Gülmeyelim	Gülelim mi?	Gülmeyelim mi?
Git-	Gidelim	Gitmeyelim	Gidelim mi?	Gitmeyelim mi?

C.5.

	Ben 긍정	Ben 부정	Ben 긍정 의문	Ben 부정 의문
Dışarı çık-	Dışarı çıkayım	Dışarı çıkmayayım	Dışarı çıkayım mı?	Dışarı çıkmayayım mı?
Yemek pişir-	Yemek pişireyim	Yemek pişirmeyeyim	Yemek pişireyim mi?	Yemek pişirmeyeyim mi?
Kahvaltı hazırla-	Kahvaltı hazırlayayım	Kahvaltı hazırlamayayım	Kahvaltı hazırlayayım mı?	Kahvaltı hazırlamayayım mı?
Yemek ye-	Yemek yiyeyim	Yemek yemeyeyim	Yemek yiyeyim mi?	Yemek yemeyeyim mi?
Uyu-	Uyuyayım	Uyumayayım	Uyuyayım mı?	Uyumayayım mı?

C.6. 1. içelim mi 2. gidelim 3. alayım 4. geleyim 5. gideyim, yapayım 6. yapalım 7. buluşalım mı 8. geleyim mi 9. yatalım 10. biriktirelim, kalalım

C.7. 1. ① pişireyim ② pişir ③ yap ④ yardım edeyim mi ⑤ yapalım mı

2. ① çıkalım mı ② çıkmayalım ③ götürelim mi ④ götürmeyin ⑤ oynayalım mı ⑥ ziyaret edelim mi?

3. ① yap ② hazırlayayım ③ yap ④ hazırlayayım

4. ① buluşalım ② buluşalım mı ③ gel ④ izleyelim mi ⑤ getireyim

C.8. ① odalı ② içelim ③ kullan ④ sağlık ⑤ olsun

A. Yaşasın! Tatile gidiyoruz!

A.1. 1. Çünkü babaları onları Bodrum'a, dedelerinin yeni evine götürecek. 2. Annelerine ve babalarına. 3. Hayır, daha önce Bodrum'a gitmediler. 4. Çiçeklerle dolu. 5. Bodrum'un denizi mükemmel.

A.3. 1. X 2. X 3. O 4. X 5. X

A.4.

	Heyecanlan- 긍정	Heyecanlan- 부정	Heyecanlan- 긍정 의문	Heyecanlan- 부정 의문
Ben	Heyecanlandım	Heyecanlanmadım	Heyecanlandım mı?	Heyecanlanmadım mı?
Sen	Heyecanlandın	Heyecanlanmadın	Heyecanlandın mı?	Heyecanlanmadın mı?
O	Heyecanlandı	Heyecanlanmadı	Heyecanlandı mı?	Heyecanlanmadı mı?
Biz	Heyecanlandık	Heyecanlanmadık	Heyecanlandık mı?	Heyecanlanmadık mı?
Siz	Heyecanlandınız	Heyecanlanmadınız	Heyecanlandınız mı?	Heyecanlanmadınız mı?
Onlar	Heyecanlandılar	Heyecanlanmadılar	Heyecanlandılar mı?	Heyecanlanmadılar mı?

	sevin- 긍정	sevin- 부정	sevin- 긍정 의문	sevin- 부정 의문
Ben	Sevindim	Sevinmedim	Sevindim mi?	Sevinmedim mi?
Sen	Sevindin	Sevinmedin	Sevindin mi?	Sevinmedin mi?
O	Sevindi	Sevinmedi	Sevindi mi?	Sevinmedi mi?
Biz	Sevindik	Sevinmedik	Sevindik mi?	Sevinmedik mi?
Siz	Sevindiniz	Sevinmediniz	Sevindiniz mi?	Sevinmediniz mi?
Onlar	Sevindiler	Sevinmediler	Sevindiler mi?	Sevinmediler mi?

	Mutlu ol- 긍정	Mutlu ol- 부정	Mutlu ol- 긍정 의문	Mutlu ol- 부정 의문
Ben	Mutlu oldum	Mutlu olmadım	Mutlu oldum mu?	Mutlu olmadım mı?
Sen	Mutlu oldun	Mutlu olmadın	Mutlu oldun mu?	Mutlu olmadın mı?
O	Mutlu oldu	Mutlu olmadı	Mutlu oldu mu?	Mutlu olmadı mı?
Biz	Mutlu olduk	Mutlu olmadık	Mutlu olduk mu?	Mutlu olmadık mı?
Siz	Mutlu oldunuz	Mutlu olmadınız	Mutlu oldunuz mu?	Mutlu olmadınız mı?
Onlar	Mutlu oldular	Mutlu olmadılar	Mutlu oldular mı?	Mutlu olmadılar mı?

	üzül- 긍정	üzül- 부정	üzül- 긍정 의문	üzül- 부정 의문
Ben	Üzüldüm	Üzülmedim	Üzüldüm mü?	Üzülmedim mi?
Sen	Üzüldün	Üzülmedin	Üzüldün mü?	Üzülmedin mi?
O	Üzüldü	Üzülmedi	Üzüldü mü?	Üzülmedi mi?
Biz	Üzüldük	Üzülmedik	Üzüldük mü?	Üzülmedik mi?
Siz	Üzüldünüz	Üzülmediniz	Üzüldünüz mü?	Üzülmediniz mi?
Onlar	Üzüldüler	Üzülmediler	Üzüldüler mi?	Üzülmediler mi?

A.5. 1. yağdı, gitmedik 2. aldılar, ağladılar 3. hastalandım, gitmedim 4. okudunuz mu 5. yaptın 6. geldi, yaptık 7. bindiniz mi 8. etti, gördü 9. yemedim 10. gittik, yüzdük, geçirdik 11. doğdu 12. yaptım, kızdı 13. aldı, sevindim 14. yağdı, oynadık 15. yaptınız

A.6. 1. gidiyorum 2. doğdum 3. yaptık 4. yapıyor 5. taşındılar 6. yorulduk 7. çalışıyor 8. söylüyorsun 9. kurduk 10. geldi

A.8. 1. Hemen yola çıktılar.
2. Şarkılar söylediler, müzik dinlediler, sohbet ettiler ve biraz uyudular.
3. Öğlen üç buçukta.

A.9. ① geçti ② Yoruldunuz ③ eğlendik ④ uyudum ⑤ çalıştık ⑥ yaptık ⑦ dinledik

B. Plajda

B.1. ① kum ② deniz şemsiyesi ③ şezlong ④ deniz gözlüğü ⑤ plaj havlusu ⑥ güneş kremi

B.2. ① istediler ② gittiler ③ kiraladılar ④ ödediler ⑤ serdiler ⑥ sürdü ⑦ girdiler ⑧ yüzdüler ⑨ oynadılar ⑩ baktılar ⑪ geçirdiler ⑫ çıkmadılar ⑬ beğendiler

B.3. 1. X 2. O 3. X 4. O 5. X

B.4.

	hasta 긍정	Hasta 부정	hasta 긍정 의문	hasta 부정 의문
Ben	Hastaydım	Hasta değildim	Hasta mıydım?	Hasta değil miydim?
Sen	Hastaydın	Hasta değildin	Hasta mıydın?	Hasta değil miydin?
O	Hastaydı	Hasta değildi	Hasta mıydı?	Hasta değil miydi?
Biz	Hastaydık	Hasta değildik	Hasta mıydık?	Hasta değil miydik?
Siz	Hastaydınız	Hasta değildiniz	Hasta mıydınız?	Hasta değil miydiniz?
Onlar	Hastaydı(lar)	Hasta değil(ler)di	Hasta mıydı? Hastalar mıydı?	Hasta değil miydi? Hasta değiller miydi?

	küçük 긍정	küçük 부정	küçük 긍정 의문	küçük 부정 의문
Ben	Küçüktüm	Küçük değildim	Küçük müydüm?	Küçük değil miydim?
Sen	Küçüktün	Küçük değildin	Küçük müydün?	Küçük değil miydin?
O	Küçüktü	Küçük değildi	Küçük müydü?	Küçük değil miydi?
Biz	Küçüktük	Küçük değildik	Küçük müydük?	Küçük değil miydik?
Siz	Küçüktünüz	Küçük değildiniz	Küçük müydünüz?	Küçük değil miydiniz?
Onlar	Küçüktü(ler)	Küçük değil(ler)di	Küçük müydü? Küçükler miydi?	Küçük değil miydi? Küçük değiller miydi?

	bebek 긍정	bebek 부정	bebek 긍정 의문	bebek 부정 의문
Ben	Bebektim	Bebek değildim	Bebek miydim?	Bebek değil miydim?
Sen	Bebektin	Bebek değildin	Bebek miydin?	Bebek değil miydin?
O	Bebekti	Bebek değildi	Bebek miydi?	Bebek değil miydi?
Biz	Bebektik	Bebek değildik	Bebek miydik?	Bebek değil miydik?
Siz	Bebektiniz	Bebek değildiniz	Bebek miydiniz?	Bebek değil miydiniz?
Onlar	Bebekti(ler)	Bebek değil(ler)di	Bebek miydi? Bebekler miydi?	Bebek değil miydi? Bebek değiller miydi?

B.5. 1. X 2. O 3. O 4. X 5. X 6. X 7. X 8. O 9. X 10. O

B.6. 1. kiloydu 2. Bekardı 3. kahverengiydi 4. kısaydı 5. öğrenciydi

B.7. ① yüzmek ② güneşlenmek ③ dalış yapmak ④ deniz ürünleri ⑤ kardan adam yapmak ⑥ kızakla kaymak ⑦ kayak yapmak ⑧ kar topu oynamak

B.8. 1. X 2. O 3. X 4. O 5. O 6. X 7. X 8. X 9. O 10. O

B.9. 1. Ankara'dan daha 2. Seul'den daha 3. en 4. benden daha 5. senden daha 6. en 7. bizden daha 8. en 9. dünden daha 10. benden daha

✓ C. Yarın ne yapacagız?

C.1. 1. Yarın sabah Bodrum Kalesi'ne gidecekler, sonra da Yalıkavak Pazarı'na gidecekler.
2. Çünkü misafirler için evde hazırlık yapacaklar.
3. Meyve sebze alacaklar.
4. Yalıkavak Pazarı'na yakın bir sahilde denize girecekler.

C.2.

	nişanlan- 긍정	nişanlan- 부정	nişanlan- 긍정 의문	nişanlan- 부정 의문
Ben	Nişanlanacağım	Nişanlanmayacağım	Nişanlanacak mıyım?	Nişanlanmayacak mıyım?
Sen	Nişanlanacaksın	Nişanlanmayacaksın	Nişanlanacak mısın?	Nişanlanmayacak mısın?
O	Nişanlanacak	Nişanlanmayacak	Nişanlanacak mı?	Nişanlanmayacak mı?
Biz	Nişanlanacağız	Nişanlanmayacağız	Nişanlanacak mıyız?	Nişanlanmayacak mıyız?
Siz	Nişanlanacaksınız	Nişanlanmayacaksınız	Nişanlanacak mısınız?	Nişanlanmayacak mısınız?
Onlar	Nişanlanacaklar	Nişanlanmayacaklar	Nişanlanacaklar mı?	Nişanlanmayacaklar mı?

	gez- 긍정	gez- 부정	gez- 긍정 의문	gez- 부정 의문
Ben	Gezeceğim	Gezmeyeceğim	Gezecek miyim?	Gezmeyecek miyim?
Sen	Gezeceksin	Gezmeyeceksin	Gezecek misin?	Gezmeyecek misin?
O	Gezecek	Gezmeyecek	Gezecek mi?	Gezmeyecek mi?
Biz	Gezeceğiz	Gezmeyeceğiz	Gezecek miyiz?	Gezmeyecek miyiz?
Siz	Gezeceksiniz	Gezmeyeceksiniz	Gezecek misiniz?	Gezmeyecek misiniz?
Onlar	Gezecekler	Gezmeyecekler	Gezecekler mi?	Gezmeyecekler mi?

	Spora başla- 긍정	Spora başla- 부정	Spora başla- 긍정 의문	Spora başla- 부정 의문
Ben	Spora başlayacağım	Spora başlamayacağım	Spora başlayacak mıyım?	Spora başlamayacak mıyım?
Sen	Spora başlayacaksın	Spora başlamayacaksın	Spora başlayacak mısın?	Spora başlamayacak mısın?
O	Spora başlayacak	Spora başlamayacak	Spora başlayacak mı?	Spora başlamayacak mı?
Biz	Spora başlayacağız	Spora başlamayacağız	Spora başlayacak mıyız?	Spora başlamayacak mıyız?
Siz	Spora başlayacaksınız	Spora başlamayacaksınız	Spora başlayacak mısınız?	Spora başlamayacak mısınız?
Onlar	Spora başlayacaklar	Spora başlamayacaklar	Spora başlayacaklar mı?	Spora başlamayacaklar mı?

	yemek ye- 긍정	yemek ye- 부정	yemek ye- 긍정 의문	yemek ye- 부정 의문
Ben	Yemek yiyeceğim	Yemek yemeyeceğim	Yemek yiyecek miyim?	Yemek yemeyecek miyim?
Sen	Yemek yiyeceksin	Yemek yemeyeceksin	Yemek yiyecek misin?	Yemek yemeyecek misin?
O	Yemek yiyecek	Yemek yemeyecek	Yemek yiyecek mi?	Yemek yemeyecek mi?
Biz	Yemek yiyeceğiz	Yemek yemeyeceğiz	Yemek yiyecek miyiz?	Yemek yemeyecek miyiz?
Siz	Yemek yiyeceksiniz	Yemek yemeyeceksiniz	Yemek yiyecek misiniz?	Yemek yemeyecek misiniz?
Onlar	Yemek yiyecekler	Yemek yemeyecekler	Yemek yiyecekler mi?	Yemek yemeyecekler mi?

C.3. 1. X 2. X 3. O 4. O 5. O

C.4. 1. çıkacak 2. olacağız 3. başlayacağım 4. yapacağız 5. düzenleyeceğiz 6. alacak 7. yapacak 8. alacağım 9. yağacak mı 10. çıkacaksınız

과일

① elma ② çilek ③ muz ④ üzüm ⑤ kiraz ⑥ karpuz ⑦ şeftali ⑧ incir

야채

① patlıcan ② maydanoz ③ havuç ④ domates ⑤ sarımsak ⑥ soğan ⑦ bezelye ⑧ biber

C.5. 1. O 2. O 3. X 4. O 5. X

이미지 출처

Ünite 1

p33 *Map of Turkey, Undated, CC BY 2.0*
https://www.flickr.com/photos/nat507/8611026157

Ünite 5

p132 *File:Sucuk and kavurma.jpg, CC BY-SA 4.0*
https://creativecommons.org/licenses/by-sa/4.0/deed.en

터키어 표준 교재 A1

초판 인쇄 2019년 11월 20일
초판 발행 2019년 11월 27일

지은이 연규석, 오종진, 이난아, 양민지
발행인 김인철
총괄 · 기획 가정준 Director, University Knowledge Press
편집장 신선호 Executive Knowledge Contents Creator
기획 · 물류 이현진 Planning Expert
사전 · 도서편집 정준희 Contents Creator
전자책 · 도서편집 장혜린 Contents Creator
도서편집 이병철 Contents Creator
이근영 Contents Creator
재무관리 하누리 Managing Creator
발행처 한국외국어대학교 지식출판콘텐츠원
02450 서울특별시 동대문구 이문로 107
전화 02)2173-2493~7
팩스 02)2173-3363
홈페이지 http://press.hufs.ac.kr
전자우편 press@hufs.ac.kr
출판등록 제6-6호(1969. 4. 30)
디자인 · 편집 (주)이환디앤비 02)2254-4301
인쇄 · 제본 (주)트윈벨미디어 02)2088-1810

ISBN 979-11-5901-644-8 14730 정가 22,000원
ISBN 979-11-5901-651-6 (세트)

HUiNE은 한국외국어대학교 지식출판콘텐츠원의 어학도서, 사회과학도서, 지역학 도서 Sub Brand이다. 한국외대의 영문명인 HUFS, 현명한 국제전문가 양성(International +Intelligent)의 의미를 담고 있으며, 휴인(携引)의 뜻인 '이끌다, 끌고 나가다'라는 의미처럼 출판계를 이끄는 리더로서, 혁신의 이미지를 담고 있다.

이 책의 음원(mp3)은 한국외국어대학교 지식출판콘텐츠원 홈페이지 (press.hufs.ac.kr) - 게시판 - 자료실에서 다운받아 사용하시기 바랍니다.

이 교재는 특수외국어진흥사업의 일환으로 한국외대 터키·아제르바이잔어과와
부산외대 터키·중앙아시아어과 필진들의 협업으로 제작되었습니다.